세상을 바꾼 음식 이야기

세상을 바꾼 음식 이야기

지은이	홍익희
펴낸이	오세인
펴낸곳	세종서적(주)

주간	정소연
편집	이진아
디자인	조정윤 전성연
마케팅	임종호
경영지원	홍성우
인쇄	천광인쇄

출판등록	1992년 3월 4일 제4-172호
주소	서울시 광진구 천호대로132길 15, 세종 SMS빌딩 3층
전화	경영지원 (02)778-4179, 마케팅 (02)775-7011
팩스	(02)776-4013
홈페이지	www.sejongbooks.co.kr
네이버 포스트	post.naver.com/sejongbook
페이스북	www.facebook.com/sejongbooks
원고 모집	sejong.edit@gmail.com

초판 1쇄 발행 2017년 1월 6일
8쇄 발행 2022년 9월 1일

ISBN 978-89-8407-603-7 43900

소 금 에 서 피 자 까 지

세상을 바꾼
음식 이야기

홍익희 지음

이영미 감수

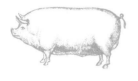

세종
서적

음식의 역사는 인류의 역사이다

인류의 역사를 살펴보면 인간이 먹이사슬의 정점에 오르는 과정이 역사 발전의 과정과 같다는 것을 알 수 있습니다. 그만큼 인간의 역사에서 먹거리가 중요하다는 뜻입니다. 최초로 두 발로 걷기 시작했던 '호모 에렉투스(똑바로 선 사람)'는 먹을 것을 구하기 위해 노력하는 과정에서 '호모 사피엔스(지혜가 있는 사람)'로 진화했습니다.

초기 인류는 불을 사용하기 시작하면서 야생동물보다 우위에 설 수 있었고, 고기와 채취한 식품을 익혀 먹기 시작하면서 신체 발육도 좋아졌습니다. 신석기 혁명인 농경이 가능했던 것도 구석기 시대 후반기에 고기를 불에 구워 먹으면서 뇌의 용량이 증가한 덕분에 지능이 발달해 다양한 도구를 활용했기 때문입니다.

농경의 시작은 인간의 수렵·채취 생활을 한곳에 정착해 식량을 생산하는 방식으로 바꾸었습니다. 이때 수렵을 주로 했던 사람들은 초원으로 가서 목축을 하는 유목 민족이 되었고, 채취를 주로 했던 사람들은 평야 지대에 자리를 잡고 농사를 짓는 정주 민족이 되었습니다. 이렇듯 초기 인류는 작물 재배를 시작하면서 식량 생산 시대를 만들어 갔습니다.

인간은 먹거리가 부족해지면 생존을 위해 먹이가 있는 곳으로 이동하거나 남의 먹거리를 탈취해서 생존해야 했습니다. 유목 민족과 정주 민족의 치열한 먹거리 전쟁, 해상 민족과 대륙 민족의 바닷길 쟁탈전이 벌어진 것도 바로 그 때문입니다.

역사에서 세상을 바꾼 음식과 식재료들이 뜻밖에 많이 있습니다. 먼저 문명을 탄생시킨 음식들이 있습니다. 밀, 보리, 소금, 쌀들이 그것들입니다. 인류가 정착 생활을 시작하면서 처음으로 농사를 짓기 시작한 것이 밀이었습니다. 이른바 '농업 혁명'이 시작된 것입니다. 또 물물교환을 처음으로 시작했던 작물 역시 밀입니다. 물물교환 때 화폐 대용으로 처음으로 쓰인 것도 밀 다발입니다. 이로써 인류에게 문명과 문화가 탄생할 수 있었습니다. 문화(culture)라는 단어는 경작을 의미하는 라틴어 '*cultra*'에서 유래했습니다.

보리도 밀 못지않게 일찍 재배되었습니다. 사실 밀과 보리 중 어느 것이 먼저 재배되었는지는 불분명합니다. 그만큼 둘 다 오래전부터 재배한 식품입니다. 인간은 고대에 벌써 보리를 이용해 맥주를 만들어 마셨습니다. 또 인간 문명의 탄생 뒤에는 항상 소금이 있었습니다. 그 후로도 소금은 역사의 굽이굽이에 중요한 요소로 등장합니다. 페니키아의 교역, 로마의 건국, 베네치아의 동방 교역 등의 밑바탕에는 소금이 있었습니다. 쌀은 동양의 오랜 주식입니다. 쌀농사는 물을 잘 관리해야 가능했기 때문에 동양에서는 치수가 그 무엇보다 중요했습니다. 그리고 이러한 치수, 곧 댐이나 저수지를 건설하거나 관개 수로를 정비하려면 많은 인력이 필요하기 때문에 일찍이 중앙집권적인 정치 권력이 생겨났습니다.

중세를 마무리할 시점에 지도를 바꾼 음식들이 있습니다. 육포, 대구 등이 그것들입니다. 옛날에 전쟁이 일어나면 전투부대 뒤에 항상 그 숫자만큼의 보급부대가 뒤따랐습니다. 전투병들에게 밥을 해 먹이고 전투에 필요한 장비와 보급품들을 지원하기 위해서였습니다. 그래서 부대의 이동이 느릴 수밖에 없었습니다. 그런데 칭기즈칸은 보급부대를 대신할 수 있는 육포가루 덕분에 재빠른 기동력을 앞세워 대제국을 순식간에 건설할 수 있었습니다. 또 콜럼버스의 대항해가 가능할 수 있었던 것도 절임대구와 돼지 뒷다리를 말린 하몽 덕분이었습니다.

같은 시기에 세계사를 바꾼 음식들이 있습니다. 바로 후추, 정향, 육두구 등의 향신료입니다. 콜럼버스가 신대륙을 발견하게 된 것도 사실 후춧가루 때문이었습니다. 당시 인도에서 후춧가루와 같은 향신료를 수입하면 단숨에 부자가 될 수 있었습니다. 신대륙은 그가 후춧가루를 쫓다가 발견한 부산물인 셈입니다. 향신료를 차지하기 위한 경쟁 덕분에 마젤란이 세계 일주를 할 수 있었지만, 반면 향신료를 차지하기 위한 전쟁도 빈번히 발발했습니다.

인류를 굶주림에서 구하고 생명을 지켜 준 음식들도 있습니다. 콩, 올리브, 감자, 치즈, 꿀 등이 그것입니다. 콩(대두)은 원산지가 만주와 한반도라고 알려져 있습니다. 산악 국가 사람들인 한민족에게 부족한 단백질을 공급한 식품이 바로 콩이었습니다. 근대 들어 유럽에 살던 인류를 기아에서 해방시킨 것은 콜럼버스가 신대륙에서 가져온 감자였습니다.

인류의 삶을 풍요롭게 만든 음식들도 있습니다. 와인, 맥주, 국수, 피자 등이 그것입니다. 고대 이집트의 국민 음료였던 맥주는 이제 세계 모든 사람들이 즐겨 마시는 각양각색의 맥주로 진화했고, 이탈리아에서 탄생한 피자는 미국 문화의 물결을 타고 전 세계적으로 퍼져 나갔습니다.

작게는 한 나라에서부터 크게는 세계의 경제를 움직인 음식도 있습니다. 청어는 네덜란드를 부강하게 만들어 준 원동력이었습니다. 냉장고가 없던 시기에 네덜란드 사람들은 설임청어를 팔아 부를 쌓으면서 조선업과 해운업을 발전시킬 수 있었으며, 또 이를 발판으로 삼아 무역업과 금융업을 발전시켰습니다. 설탕과 커피 역시 동시대의 네덜란드인들이 주축이 되어 발전시킨 산업으로 이를 통해 네덜란드가 중상주의의 꽃을 피울 수 있었습니다.

음식이 세계사를 움직인 사례는 생각보다 많이 있습니다. 이것이 『세상을 바꾼 음식 이야기』가 탄생한 배경입니다. 우리의 삶과 떼어 놓을 수 없는 음식의 이야기를 통해 시대와 장소를 넘나들며 세계의 역사를 들여다볼 수 있을 것입니다. 이 책을 쓰는 데 많은 도움을 준 서진영, 조은혜, 김보미 님에게 고마움을 전합니다.

홍익희

차례

1부

문명을 탄생시킨 음식

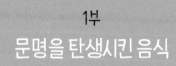

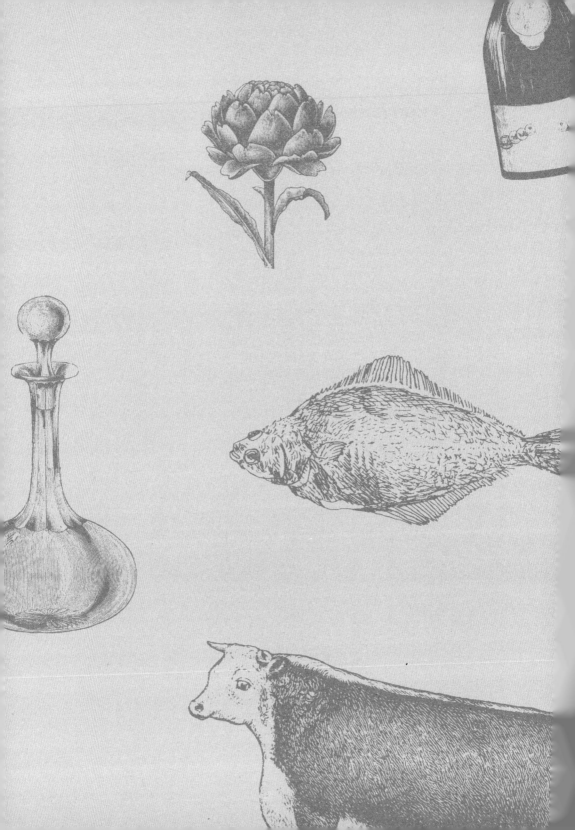

1. 농경의 시작, 밀 이야기

인류의 역사가 250만 년이라고 할 때 인류는 249만 년을 수렵·채취 생활을 하며 떠돌아다녔습니다. 인류 역사의 99.9%는 먹을거리를 찾아 떠돌아다닌 역사였습니다.

그러다 약 1만 전에 신석기 시대가 시작되면서 농업 혁명이 일어났습니다. 인류가 떠돌이 생활을 청산하고 한곳에 정착하여 농사를 짓기 시작한 것입니다.

이때 인류가 농사짓기 시작한 최초의 곡식이 밀입니다. 인류 최초의 문명인 수메르 문명이 발생할 수 있었던 건, 지금의 이라크 중심부를 흐르는 유프라테스 강 상류에서 자라던 야생 밀 덕분이었습니다. 사람들은 야생 밀을 채취하며 수렵 생활을 하다가, 기원전 9050년경 레반트(Levant) 지역에서 인류 최초로 농사를 짓기 시작했습니다. 레반트는 역사적으로 서아시아의 이스라엘, 시리아, 요르단, 레바논 등이 있는 지역을 가리키는 말입니다.

이스라엘의 밀밭

　인류는 농경을 하기 시작하면서 비로소 정착 생활을 하며 한곳에 모여 살았습니다. 인류의 4대 문명이 모두 쌀보다는 밀 재배지에서 일어난 것을 보면, 밀이 얼마나 오랫동안 우리 인간과 함께 해 왔는지를 알 수 있습니다.

계급을 발생시킨 잉여 농작물

모든 문명은 강 하류를 근거지로 삼아 발달했습니다. 농사짓기에 좋은 퇴적층이 하류에 쌓이기 때문입니다. 유프라테스 강과 티그리스 강 하류에 살던 수메르 사람들은 강줄기를 따라 여러 개의 마을을 이루었습니다.

　이후 농경의 확대로 잉여 농작물이 생겨났고 빈부 격차가 발생했습니다. 이로써 사회 구성원이 함께 생산하고, 생산물을 평등하게 분배하던 인간 사회에 최초로 사유 제도가 나타났습니다. 수메르에선 밀 생산량에 따라 계급도 달라졌습니다. 계급이 나뉘고 공동체가 커지면서 관개 시설 건설 등에 필요한 여러 가지 통치 수단이 필연적으로 발생할 수밖에 없었습니다.

관개 시설과 농기구의 발달로 농업 생산량이 많이 늘어났습니다. 그리고 이는 주변 지역과의 교역에 필요한 자본이 되었습니다. 수메르 사람들은 잉여 농작물을 다른 필요한 물건들과 바꾸기 시작했습니다. 물물교환을 위해 '밀 다발'을 화폐로 사용했는데, 이를 '세겔(Shekel)'이라 불렀습니다. 지금도 이스라엘에서 화폐로 쓰고 있는 세겔은 인류 최초의 화폐이자 가장 오래된 화폐 단위입니다.

인류 최초의 재배 작물, 인류 최초의 교환 작물, 인류 최초의 화폐 등처럼 밀에는 '최초'라는 수식어가 따라붙습니다.

인류 최초의 도시, 예리코

농경을 통해 정착 생활이 이루어진 후 인류 문명은 급속도로 발전해 나가 마을들이 형성됩니다. 터키의 차탈회위크 유적과 괴베클리 테페 유적이 신석기 시대 초기 농경 정착촌의 생활을 보여 주는 대표적인 마을 유적입니다. 물물교환이 상업과 교역으로 발전하면서 기원전 9000년경 가나안의 사해 인근 예리코에 인류 최초의 도시가 건설됩니다. 예루살렘과 암만을 연결하는 중간쯤에 있는 세계 최초의 도시 예리코는 강물이 뱀처럼 똬리를 틀며 사해로 들어가는 낮은 계곡 들판의 심장부에 있습니다.

예리코 지역 사람들은 거주지 근처의 요르단 계곡 지대에서 밀과 보리를 재

예리코. B.C 9000년에 도시가 형성된 이후로 사람들이 계속 거주하고 있다

배하기 위한 밭을 만들었습니다. 겨울에 밀과 보리농사를 지으려면 200밀리미터 이상의 비가 내려야 하는데 하늘에서 내리는 비로는 농사짓기 힘들었던 이 지역 사람들은 우기 때 유다 광야와 사마리아 산지에 내린 비가 계곡 지대에서 땅속으로 스며들었다가 샘에서 되솟아나는 것을 농사에 사용했습니다. 그들은 구석기 말기로는 놀라운 규모인 약 4만 제곱미터(㎡)의 마을을 형성하고 높은 성벽을 지어 살았습니다. 마을이라기보다는 성벽으로 둘러싸인 일종의 도시였습니다.

이렇게 사해 인근에 인류 최초의 도시가 만들어질 수 있었던 것은 예리코가 교통의 요충지이자 통상로에 위치해 있기 때문입니다. 사람들의 왕래가 많아지면서 상업과 교역이 발달했습니다. 예리코는 샘물이 있어 밀과 보리농사는 물론, 사막의 주식이라 불리는 대추야자나무(종려나무)와 더불어 파파야 등 아열대성 과일 농사도 지을 수 있었으며 무엇보다 인간에게 필요한 소금을 구할 수 있었습니다. 게다가 예리코는 남북 통상로인 계곡길 한가운데 있을 뿐 아니라 인근 요르단 강의 강폭이 좁아 강을 건너 다니는 사람들이 많았고, 오아시스가 있어 상인들의 중간 집결지였습니다.

고고학자들은 예리코를 포함한 요르단 강 서쪽 일대와 요르단, 이라크, 시리아의 산기슭에서 밀과 보리를 재배하고 염소와 양을 가축화한 정착지의 자취를 발견했습니다. 그들은 이곳들에서 곡물 저장고와 빵 굽는 화덕이 있는 마을들의 흔적을 찾아낸 것이었습니다.

밀이 가는 곳에 빵도 함께

우리가 먹는 빵, 즉 밀을 재료로 한 빵은 어떻게 만들어진 것일까요? 고대 근동과 이집트 사람들은 구운 이삭을 돌로 문지르거나, 말리거나, 절구를 사용해 곡물 껍질을 벗겼습니다. 그런데 밀은 특성상 낟알이 쉽게 깨지기 때문에 껍데기만 손쉽게 분리할 수 있는 방법이 없었습니다. 이에 알곡을 통째로 부서뜨려 가루를 낸 다음 껍데기를 따로 제거했습니다.

최초의 빵이 우연히 만들어졌는지 혹은 조리법대로 만들어졌는지는 몰라도 아마도 곡물가루를 물과 섞어 만든 반죽에 열을 가해 만들었을 것입니다.

초기의 빵은 납작하고 딱딱했습니다.

　최초의 발효빵은 메소포타미아 지역과 고대 이집트 지역에서 나타났습니다. 그러나 발효빵을 처음 만들게 된 것은 우연이었습니다. 당시 이집트의 한 소년이 빵을 굽고 남은 반죽을 그대로 두었는데, 이것이 공기 중의 효모균에 의해 자연 발효되어 부풀어 올랐다고 합니다.

　부푼 반죽을 구웠더니 기존의 딱딱한 빵과는 다른 부드러운 감촉의 맛있는 빵이 되었습니다. 반죽이 발효되면서 공기구멍이 많이 생겨나 소화도 잘 되고 맛과 향도 더욱 좋아졌던 것입니다. 이를 계기로 이집트에서는 점차 빵 만드는 방법과 효모 배양법이 발전하게 되었습니다. 그 뒤 이집트 사람들은 발효 물질인 누룩을 넣어 먹기 좋은 빵을 만들었습니다.

　빵 만드는 방법이 지중해 여러 나라로 퍼져 나가게 되면서 유럽 대륙 전역에 천연 효모 발효빵을 만드는 방식이 보편화되었고, 후대의 그리스와 로마에도 전파되었습니다. 특히 로마에서는 제분, 제빵 기술이 크게 발달했고 기독교가 전파되면서 이 기술들도 유럽 각지로 전해지게 됩니다. 이렇게 빵 문화의 전파 덕분에 밀농사도 널리 퍼져 나갔습니다.

　그 뒤 밀은 몽골과 인도를 통해 중국으로 전파되었습니다. 현재 중국은 세계 최대의 밀 생산국입니다. 우리나라에는 기원전 200년~기원전 100년경에 유입되었습니다.

　이처럼 밀이 잘 전파될 수 있었던 이유는, 밀이 자라는 기후 조건이 까다롭지 않기 때문입니다. 밀은 온대 지방에서 가장 잘 자라지만, 기후 적응성이 강해 기온이 낮거나 건조한 지역에서도 재배할 수 있습니다. 그렇다 보니 쌀보다 넓은 지역에서 생산되는 장점을 갖고 있습니다.

역사 속의 밀

서양에서는 밀로 만든 빵을 주식으로 먹습니다. 그런데 빵은 단백질 함량이 많은 데 비해 정작 쌀보다 필수 아미노산 함량이 적은 편이라 고기와 우유 등을 함께 섭취해 아미노산을 보충해 주어야 합니다. 지중해 해상 교역을 처음으로 시작했던 페니키아 지역(가나안과 레바논 지역)의 경우, 물이 있는 계곡에서 밀 농작은 가능했으나 나머지 땅은 사막성 기후의 광야라 풀이 부족해 목축업은 그리 발달하지 못했습니다. 그래서 밀을 주식으로 하는 사람들은 밀과 고기를 서로 바꾸기 위해 길을 만들어 먼 거리 거래를 시작했습니다. 이렇게 거래가 시작되어 상업과 교역이 발달하게 되었습니다.

또한 밀은 인류 역사에서 한 나라의 흥망과 전쟁 결과를 뒤바꿔놓기도 했습니다. 기원전 6세기에 벌어진 페르시아와 스키타이 간의 전쟁은 청야(淸野) 작전으로 유명합니다. 스키타이는 페르시아군과 하루 정도의 거리를 두고 후퇴하면서 식량이 될 만한 밀밭을 모두 불태웠고 우물도 메웠습니다. 그러다가 페르시아군에 허점이 보이면 전광석화와 같이 반격을 가한 후 다시 후퇴하곤 했습니다. 이렇게 적이 이용하지 못하도록 농작물이나 시설을 없애는 것을 청야 작전이라고 합니다.

고조선이나 고구려도 중국과 싸우면서 이 작전을 자주 써먹었습니다. 그들은 중국과 싸우면서 성을 지킬 때 들판의 곡식을 모두 불태워 비워 두고 성문을 굳게 잠근 채 상기전을 벌였습니다. 그리고 적군의 후미에서 보급로를 차단했습니다. 이 전술로 고조선이나 고구려는 중국을 상대로 이길 수 있었습니다.

나폴레옹의 프랑스군은 러시아군이 곡창 지대의 밀을 전부 없애버림으로써 결국 밀을 구하지 못해 전쟁에서 패하고 말았습니다. 또 미국 남북전쟁에서 면화를 생산하던 부유한 남부는 밀을 생산하던 북부에게 결국 식량 문제로 패했습니다. 이렇게 밀은 상업 문화를 만들고 전쟁의 승패를 좌우하는 등 역사를 바꾸는 힘을 가진 작물이었습니다.

한국 현대사 속의 밀

우리 민족에게 6·25 전쟁의 상처는 매우 깊습니다. 전쟁이 끝난 직후 한국인들은 굶주림에 허덕이며 극심한 물가 폭등과 실업에 내몰렸습니다. 일하고 싶어도 일자리가 없었습니다. 당시 미국은 당장 해결이 시급한 한국의 기아 문제와 전쟁 피해 복구를 위해 원조를 재개했습니다.

1950~51년에 미국 원조는 1억 달러 수준이었으나 원조가 본격화하기 시작한 1953년부터는 연간 2억 달러 수준으로 늘었습니다. 휴전 즈음인 1953년 7월에는 1954년도 한국의 경제부흥비로 3억 달러를 책정한 법안이 미국 의회를 통과했습니다. 이어 이듬해 7월에는 이승만 대통령이 미국을 방문해 1955년도 원조 금액으로 무려 7억 달러를 얻어 냈습니다. 당시는 정부와 국

민 모두 먹고살기 위해 몸부림을 쳐야 했습니다.

미국은 농산물 등 그들의 잉여 물자로 한국을 지원했습니다. 1955년 5월에 한미 잉여 농산물 협정이 체결되어 이때부터 미국산 잉여 농산물이 본격적으로 한국에 들어왔습니다.

1957년, 미국이 원조한 식량을 배급받는 모습
(출처: 국가기록원)

당시 우리나라는 의식주 해결이 시급했습니다. 미국은 밀을 위주로 한 보리 등의 농산물을 보냈습니다. 당시 미국산 잉여 농산물은 한국 곡물 생산량의 40%를 차지했으며, 그 가운데 밀이 70%였습니다. 따라서 당시 밀가루값은 쌀값과 비교할 수 없을 정도로 쌌습니다. 쌀의 6분의 1 가격이었습니다. 이러니 형편이 어려운 국민들로서는 거의 전적으로 밀가루에 의존할 수밖에 없었습니다.

광복 당시 한반도에 15개의 제분공장이 있었으나 6·25 동란 중 대부분 파괴되었습니다. 남한에 1952년 대한제분이 생기고, 1953년 조선제분이 시설을 복구함으로써 밀가루가 국내에서 만들어졌습니다. 그래서 당시 국수를 뽑아내는 국수 가게와 빵 공장들이 번창하였습니다.

그나마 국수를 사 먹을 형편도 안 되는 사람들은 배급받은 밀가루로 수제비를 만들어 먹었습니다. 그때 밀가루 음식을 물리도록 먹은 탓에 지금도 밀가루 음식이라면 꼴도 보기 싫어하는 사람들도 있습니다. 1950년대에는 쌀이 부족하여 교사와 공무원 월급으로 베트남에서 수입한 안남미라는 찰기 없는 푸석한 쌀을 배급하기도 했습니다. 이때 원조 물품을 토대로 발전한 것이 제분, 제당, 방직산업이었습니다.

주목받는 한국 토종 앉은뱅이밀

우리나라에도 몇 가지의 토종밀 품종이 있습니다. 그 가운데 '앉은뱅이밀'이라 하여 서양 밀에 비해 키가 50~80센티미터로 작은 품종이 있습니다. 최근 이 앉은뱅이밀 품종이 기존의 농작물을 개량하여 보다 실용 가치가 높은 품종으로 개발하는 학문인 육종학에서 주목을 받고 있습니다. 키가 작으면 쓸모없는 줄기가 짧아 많은 낟알을 달고도 쓰러지지 않기 때문입니다. 그래서 관련 학자들은 작은 키의 앉은뱅이밀과 수확이 많은 품종을 교배하여 새로운 품종을 개발하는 데 힘을 쏟고 있습니다.

일제강점기 때 일본은 한국의 앉은뱅이밀을 일본으로 들여갔습니다. 미국의 농학자 노먼 볼로그는 일본에서 찾아낸 앉은뱅이밀 계열의 품종을 활용하여 1억 명의 생명을 살렸습니다. 당시 세계가 기아에 허덕이고 있었는데 노먼 박사는 앉은뱅이밀을 개량한 품종으로 밀 수확량을 60%까지 늘려 동남아 식량 문제를 해결했습니다. 이 공로로 그는 농학자로서는 최초로 노벨 평화상을 수상했습니다.

우리는 쌀을 주식으로 함에도 쌀 소비는 점점 줄어들고 밀 소비는 점점 늘

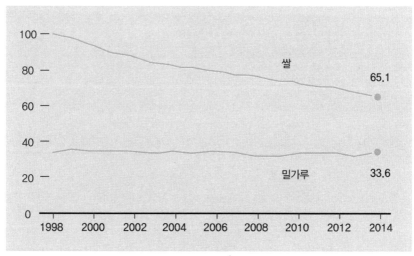

우리나라 1인당 연간 밀가루와 쌀 소비량 (출처: 통계청)

어나고 있습니다. 2015년 기준, 우리나라 1인당 연간 쌀 소비량은 63킬로그램 이하로 떨어졌고 1인당 연간 밀 소비량은 33킬로그램 이상으로 증가했습니다.

인류가 강 하류의 퇴적지에서 밀을 재배하기 시작함으로써 인류의 4대 문명이 발생했을 만큼 밀은 인류 역사의 태동과 함께한 최초의 먹거리입니다. 인류의 물물교환 시작도 밀과 다른 물품을 바꾸는 것으로부터 유래했고, 이후 밀은 물물교환의 매개체, 곧 화폐의 역할도 했습니다. 고대로부터 이렇게 인류의 역사와 함께해 온 귀중한 밀은 오늘날에도 우리가 즐겨 먹는 음식 재료로써 우리에게 즐거운 미각을 선사하고 있습니다.

2. 강인한 생명력의 보리 이야기

보리는 밀과 함께 인류가 재배한 가장 오래된 작물 중 하나입니다. 어쩌면 보리가 식용 측면에서는 밀이나 쌀보다도 앞섰을지도 모른다고 합니다. 보리를 재배하는 것에 관한 최초의 흔적은 이집트 아스완 부근에 위치한 유적지에서 발견되었습니다. 이 유적은 기원전 17000년~기원전 15000년의 구석기 시대 후기로 추정되는데, 그만큼 오랜 재배의 역사를 자랑하는 보리의 원산지는 터키 남부와 티베트입니다. 그 뒤 보리는 유럽과 중국 등지로 전파되었습니다. 보리 역시 다양한 환경에서 재배가 가능해 경작지를 넓힐 수 있었습니다. 기원전 5세기경 한반도에 전해진 보리는 쌀 다음으로 중요한 작물로 여겨졌습니다.

옛날에는 보리, 귀리, 메일 등과 같은 보리과 곡식을 모두 맥(麥, 보리 맥)이라고 불렀는데, 우리나라에서는 보리를 먼저 길렀고 밀은 그보다 늦게 재배했기에 보리를 '대맥(大麥)', 밀을 '소맥(小麥)'이라 불렀습니다.

쑥보다도 더 강한 보리의 생명력

보리는 생명력이 뛰어나 가을에 파종만 해 놓으면 추운 겨울에 강인하게 자라서 초여름에 열매를 맺습니다. 강한 생명력을 지닌 쑥조차도 겨울에는 뿌리만 땅속에서 살아 그 생명을 유지하는데, 혹한의 땅에서도 왕성하게 자라는 걸 보면 보리가 쑥보다도 더 강한 생명력을 지녔음을 알 수 있습니다.

고대 수메르 지역에서 소금기가 지하에서 올라와 밀 농사를 못 짓게 되었을 때 밀 대신 보리를 심었을 정도로 보리는 염분에도 비교적 강한 내성을 갖고 있습니다. 추운 겨울에 불모의 토질에서도 잘 자라는 보리는 현대 과학으로도 해명할 수 없는 놀라운 신비를 품고 있습니다.

밀과 보리, 이 둘은 특히 겨울에 농사를 짓기 때문에 잡풀도 없고 벌레도 없어 무공해 농사가 가능한 작물입니다. 게다가 겨울에 땅을 놀리지 않고 작물을 심어 흙의 생명을 지켜 주는 환경 파수꾼의 역할도 톡톡히 하고 있습니다.

20세기 들어 보리가 밀이나 쌀 등으로 대체되었지만, 아직도 세계 곳곳에선 보리가 전통 음식으로 자리 잡고 있습니다. 모로코나 몰도바, 라트비아 지역은 지금도 보리를 주식으로 삼고 있습니다.

인류가 석기 시대의 수렵 · 채취 생활을 마감하고 한곳에 정착하여 밀과 보리농사를 짓기 시작한 것은 매우 큰 의미를 지니고 있습니다. 효율적인 제도가 경제 성장을 일으킨다고 주장한 노벨 경제학상 수상자 더글러스 노스는 이를 '신석기 혁명'이라 명명하였으며 산업 혁명에 버금가는 큰 변화로 보았습니다. 그만큼 밀과 보리는 인류에게 중요한 양식이자 삶의 큰 변화를 가져다준 식량이었습니다.

맥아란 무엇인가?

보리 하면 맥주를 빼놓을 수 없습니다. 그런데 맥주는 보리의 씨앗을 싹 티운 '맥아'로 만듭니다. 신석기 시대에 인류는 이미 날곡식의 싹을 틔우면 소화하기에 좋다는 것을 알고 있었습니다. 곡물이 발아하는 과정에서 소화 효소인 아밀라아제가 만들어져 곡물의 녹말을 당분으로 바꾸는 작용을 합니다.

보리의 싹을 틔운 맥아는 맥주를 만들 때 없어서는 안 되는 주요 재료입니다. 위스키의 주원료도 맥아입니다. 그중 옥수수나 호밀 등을 섞지 않고 오로

지 맥아만을 발효해서 만든 위스키를 몰트 위스키라고 부르는데, 이때 말하는 '몰트'가 바로 맥아입니다. 넓게는 보리 말고도 밀, 호밀, 귀리, 쌀과 같은 다른 곡물의 싹을 틔운 것도 몰트에 포함되지만 일반적으로 '몰트' 하면 보통 맥아를 말합니다. 명확하게 보리를 싹 틔운 맥아를 뜻할 때에는 보리 몰트라고 부르기도 합니다.

보리를 비롯한 곡물은 싹이 틀 때쯤 많은 양의 아밀라아제를 만들어 냅니다. 광합성도 못하고, 뿌리로 영양을 빨아들이는 것도 힘에 부친 어린 싹은 씨앗에 많이 함유되어 있는 녹말을 당분으로 바꾸어 성장 에너지를 얻어야 합니다. 이 과정에서 아밀라아제의 함량이 크게 늘어납니다. 싹이 터서 아밀라아제의 양은 크게 늘어났지만 녹말은 많이 분해되지 않았을 때의 보리 싹을 말린 것이 바로 맥아입니다.

녹말은 맥아의 효소로 맥아당(엿당)이라고 부르는 당분이 됩니다. 밥을 오래 씹으면 단맛이 나는 것도 아밀라아제의 작용에 따른 맥아당 때문입니다.

엿기름이 바로 맥아?

맥아는 우리나라에서도 옛날부터 즐겨 썼던 재료입니다. 식혜와 엿을 만드는 데 쓰이는 엿기름이 바로 맥아입니다. 껍질을 벗기지 않은 보리를 물에 담가 두어 싹을 내서 말린 것이 엿기름입니다.

싹의 길이가 보리알의 3분의 2가량인 것을 단맥아, 1.5배~2배가량 자란 것을 장맥아라고 하는데, 1.5배가 되었을 때 아밀라아제와 같은 효소의 양이

엿기름

가장 많아집니다. 단맥아는 맥주 용이고 상맥아는 식혜나 엿을 만드는 데 사용됩니다.

이렇게 해서 말린 보리 싹은 녹말을 당분으로 변화시키는 역할을 합니다. 그래서 '엿을 만들기 위해 기른 보리 싹'이라는 의미에서 '엿기름'이라고 부릅니다. 옛날에는 설탕과 꿀이 귀해 엿기름을 이용한 엿이나 물엿을 이용해 단맛을 내었습니다.

엿 만드는 법

엿을 만들려면 먼저 엿기름을 이용하여 식혜를 만들고, 그것을 오랫동안 고면 됩니다. 엿을 만드는 전통적인 방법은 다음과 같습니다. 더운 아랫목에 항아리를 놓고 그 속에 뜨거운 밥과 찬 엿기름물을 넣습니다. 이렇게 7~8시간 정도 삭히면 밥알이 동동 떠오릅니다. 이를 베자루에 담아 눌러 짜면 뽀얀 액이 나옵니다. 이것을 솥에 담고 눌러 붙지 않게 잘 저으면서 졸입니다. 잘 졸인 엿은 붉은 호박 색깔이 납니다. 엿은 농도에 따라 각기 다른 이름으로 불리는데, 아주 묽은 시럽 형태의 엿은 조청이라고 하고, 오래 졸인 뒤 단단하게 굳힌 검붉은 빛깔의 엿은 갱엿이라고 합니다. 그리고 갱엿이 굳기 전에 여러

차례 잡아 늘여서 내부에 공기가 들어가 빛깔이 하얗게 된 엿을 흰엿이라고
부릅니다.

한국 현대사 속의 보리

우리나라는 많은 인구에 비해 경작지가 협소한 탓에 일찍부터 토지의 생산성
을 높이는 데 주력하여 대략 16~17세기부터 이모작을 시행했습니다. 17세
기 초 허균이 지은 『한정록』에 벼와 보리를 이모작했다는 기록이 있습니다.
이모작은 주로 논에서 행해졌는데 가장 보편적인 형태는 벼와 보리의 이모작
이었습니다. 여름과 가을에 벼를 재배하여 수확한 후 그 자리에 보리를 심는
방법이었습니다.

이렇게 봄에 씨를 뿌려 가을에 거두는 벼에 비해 보리는 겨울에 씨를 뿌려
여름쯤에 수확하기 때문에 추수한 쌀이 바닥났을 때 먹는 곡물이었습니다.
특히 1970년대 생산량이 높은 통일미가 개발되기 전까지는 쌀의 생산량이
적어 쌀값이 비쌌습니다. 그래서 서민들은 주로 꽁보리밥을 먹었습니다. 그
나마 보리도 모자라 점심은 감자나 옥수수, 혹은 단호박 삶은 것이나 수제비
로 때웠습니다.

'보릿고개'라 함은 가을에 수확한 양식이 바닥나고, 농사지은 보리는 미처
여물지 않은 5~6월, 곧 식량 사정이 매우 어려운 시기를 의미합니다. 이 시
기를 춘궁기라고도 합니다.

6·25 전쟁이 끝난 뒤 사람들은 극심한 굶주림 속에 살아야 했습니다. 대부

분의 농민들은 추수 때 걷은 농작물 가운데 빚, 이자, 세금 등 여러 종류의 비용을 뗀 다음, 남은 식량을 가지고 초여름에 보리를 수확할 때까지 견뎌야 했습니다. 당시 우리 국민의 70%가 농민이었습니다. 그러나 큰 규모로 농사짓는 농민을 제외하곤 대부분 봄이 되면 양식이 떨어졌습니다. 어린 자식이 밥 달라고 보채고 산모의 젖이 안 나와 젖먹이가 울부짖었습니다. 모두 비슷한 처지라 양식을 꾸어 올 데도, 꾸어 줄 사람도 흔치 않았습니다.

설사 식량을 꿀 수 있다 하여도 이자가 비싼 '장리쌀'을 빌려야 했습니다. 장리쌀은 봄에 꾼 곡식에 대해 가을에 원곡과 함께 그 절반을 이자로 쳐 갚아야 하는 제도였습니다. 이렇듯 장리는 빌려준 원금의 50%에 달하는 비싼 이자를 물어야 했습니다. 그런가 하면 흉년이 들어서 쌀이 귀한 해에는 '맞장리' 혹은 '곱장리'의 관행도 있었습니다. 이는 장리의 2배에 달하는 높은 이자율이었습니다. 따라서 쌀 한 말을 빌리면 가을에 이자를 합해 두 말로 갚아야 했습니다. 장리쌀을 상환하지 못하면 이자에 이자가 붙어 몇 년도 지나지 않아 빚이 2배로 불어났습니다. 결국 농민들은 조금이나마 남아 있던 논을 내놓고 빚을 갚은 뒤 소작농이나 머슴으로 전락할 수밖에 없었습니다. 심할 경우에는 자식마저 빼앗겼습니다.

보릿고개 때는 대개 미처 여물지 못한 푸릇푸릇한 보리 이삭을 태워서 얻은 덜 익은 보리를 가루로 만든 다음, 온갖 풀뿌리와 소나무 속껍질을 함께 넣고 죽을 쑤어 먹었습니다. 말 그대로 초근목피(草根木皮, 풀뿌리와 나무껍질이라는 뜻)로 연명한 것입니다. 이것조차도 먹지 못하는 농민들은 걸식하며 유랑민이 되어 떠돌아다녀야 했습니다. 당시 어린아이들이 보릿고개를 넘기지 못하고 굶어 죽는 일이 비일비재했습니다.

근래에 와서는 보릿고개라는 말이 실감나지 않으나, 1960년대까지만 해도 보릿고개 때문에 농민들은 큰 어려움을 겪었습니다. 이런 상태이다 보니 국민들은 용기를 잃고 스스로를 비하했습니다. 이때 "엽전이 별 수 있어?"라는 말이 유행했습니다. 엽전은 우리 국민을 뜻했습니다. 엽전은 조선 시대에 쓰인 화폐를 의미하는데, 일제강점기에 일본식 화폐가 통용되자 일반 백성으로서는 한 닢 갖기도 어려웠던 엽전이 전혀 쓸모없게 된 것입니다. 국민들은 스스로를 골칫덩어리가 된 엽전에 빗대 신세를 한탄했습니다.

그 무렵 농민들은 한 입이라도 줄이기 위해 아이들이 어느 정도만 크면 도시로 보내 공장이나 식모살이 일자리를 알아보게 했습니다. 하지만 그나마 그런 일자리도 귀했습니다.

보리는 농작물이 부족했던 우리 한민족에게는 애정 어린 작물이었습니다. 벼 추수가 끝난 후 심을 수 있었던 보리는 서민들이 춘궁기에 목숨을 연명할 수 있는 귀한 곡물이자 보릿고개 때는 그나마도 없어 못 먹었던 눈물의 곡식입니다.

3. 세계 문명사의 숨은 주인공, 소금 이야기

고대의 4대 문명부터 로마, 인도, 중국 그리고 우리나라에 이르기까지 문명이 발전한 곳에는 예외 없이 소금이 있었습니다. 소금 기반 위에서 문명이 탄생했으며 소금 덕분에 도시와 나라를 이룬 곳이 많습니다.

야생염소는 절벽에 붙어 있는 소금을 핥기 위해 거의 90도 각도의 수직 암벽을 기어오릅니다. 염소는 소금을 아주 좋아하는 동물로 염소라는 말 자체가 '소금을 좋아하는 소', '수염 난 소'라는 뜻에서 유래했다고 합니다. 야생염소나 산양이 목숨을 걸고 소금을 찾아다니는 이유는 염분이 모자라면 발톱과 이빨이 약해져 먹이를 제대로 먹을 수 없고 활동도 약해져 천적들에게 잡아먹히기 쉽기 때문입니다. 이렇듯 동물들은 소금이 없으면 살 수 없습니다. 이는 인간도 마찬가지입니다.

인간이 살아가는 데 꼭 필요한 자원은 물, 식량, 불, 소금입니다. 그래서 소금은 인류 문명의 시작과 함께하는 매우 중요한 자원입니다. 보통 문명은 강

페루 쿠스코 근처의 계단식 염전. 잉카 시대 이전부터 존재해 왔다

하류에서 탄생하는데, 이는 그곳에서 인간에게 필요한 4대 자원을 쉽게 구할 수 있기 때문입니다. 이렇게 문명은 소금을 구할 수 있는 곳에서 시작됩니다.

소금이 먼 거리 해상 무역의 기원

가나안 사람들(페니키아)이 해상 무역을 석권할 수 있었던 원동력도 귀중한 소금으로부터 시작되었습니다. 황허 문명보다도 훨씬 앞섰던 홍산 문명도 그 주변에 염수가 있어 가능했습니다. 경제사를 추적해 보면 모든 문명의 탄생은 물론 교역의 원동력은 소금이었습니다.

기원전 3000년경 가나안 해안 지역에 살던 사람들은 열악한 지리적 환경 때문에 바다로 진출해야만 했습니다. 북쪽은 해발 3,000미터의 거대한 레바논 산맥이 가로막고 있고, 동쪽은 요르단 강이 경계를 이루며 남쪽은 황무지가 펼쳐져 있었습니다.

그들이 최초로 수출한 품목은 가나안 지역의 특산물로 만든 올리브유와 포도주 그리고 바다에서 잡은 생선을 햇볕에 말린 건어였습니다. 그 뒤 큰 배를 만들 수 있는 레바논 산맥의 삼나무(백향목)도 수출하여 이를 수입한 이집트는 이때부터 파피루스로 만든 작은 배 이외에도 삼나무로 큰 배를 건조할 수 있었습니다. 이 삼나무로 인해 인류의 먼 거리 항해가 가능해졌습니다.

레바논 삼나무

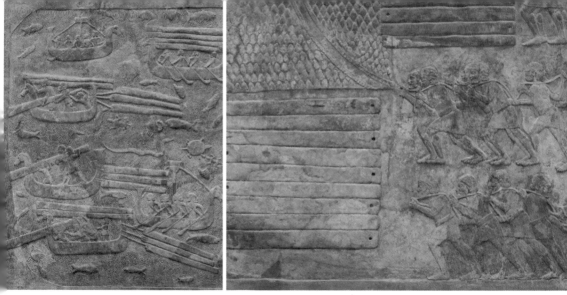

레바논 삼나무를 배로 운반하고 있는 수메르인들. 이라크 북부에 있는 아시리아의 유적지 두르샤루킨에서 발견한 조각그림

　가나안 사람들은 이 삼나무를 뗏목으로 만들어 끌고 가서 이를 이집트에 팔고, 대신 이집트 소금호수의 소금 덩어리를 들여와 이를 정제해 소금이 나지 않는 지중해 지역에 팔았습니다. 그들은 호수 밑바닥에 생긴 소금 덩어리들을 가져와 끓는 물에 녹여 불순물을 제거한 뒤 깨끗한 정제 소금을 만들었습니다. 이러한 기술은 당대 최초였습니다.

　지중해 연안은 대부분 깎아지른 절벽이 대부분이어서 소금을 생산할 수 있는 갯벌이 거의 없었습니다. 또 북부 지역은 대체적으로 흐리고 비가 오는 날이 많아 더더욱 소금 생산이 어려웠습니다. 그만큼 소금은 희귀할 수밖에 없었습니다.

　이렇게 소금은 지중해 연안에서 매우 귀했던지라 다른 민족들에게 비싼 값에 팔렸고, 멀리 갈수록 더 비싼 값을 받을 수 있었습니다. 이것이 장거리 교역의 근원이 되었습니다. 당시 소금은 페니키아의 대표적인 국제 무역 상품이 되어 가나안 사람들은 소금으로 먼 거리 해상 교역을 일구어 냈습니다.

청동기 시대를 만개시킨 소금

고대 그리스의 지리학자이자 역사가였던 스트라본에 의하면, 기원전 2000년경 가나안 사람들은 소금을 갖고 멀리 영국 남부 콘월까지 가서 주석과 바꾸어 옵니다. 구리와 주석의 합금이 바로 청동입니다. 이로써 유럽 대륙에 대량의 주석이 보급되면서 비로소 청동기 시대가 만개합니다. 소금의 위력은 참 대단합니다. 가나안 사람들은 이러한 원거리 해상 교역을 위해 중간중간에 보급품을 조달받을 수 있도록 식민도시를 건설했습니다. 이 식민도시들이 나중에 유럽과 북아프리카의 주요 도시들로 성장하게 됩니다. 카르타고도 그 가운데 하나였습니다.

또 가나안에는 주변에서 소금을 사러 사람들이 모여들었습니다. 이때 개발된 길이 '해안길'과 '왕의 대로'였습니다. 거래가 활발하고 시장이 발달한 곳에서는 경제가 더 빨리 발전했습니다. 역사적으로 소금이 생산되는 곳이 경제적 번영을 누렸던 이유가 여기에 있었습니다. 고대 유럽에서 소금 생산이 가능한 지중해 연안은 경제적 중심지의 역할을 했습니다. 당시에는 암염 광산이 본격적으로 개발되기 전이라서 소금 생산이 가능한 곳은 지중해 해안 중에서도 일부 지역에 한정되어 있었습니다. 이렇게 소금을 이용해 지중해 문

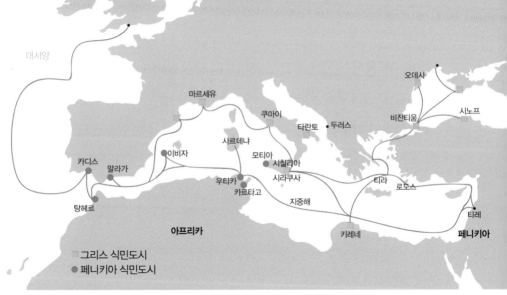

대서양

오데사

마르세유

쿠마이

시노프

비잔티움

타란토 두러스

사르데냐

카디스 말라가

이비자

모티아
시칠리아

티라

로도스

우티카
카르타고

시라쿠사

티레

탕헤르

지중해

페니키아

아프리카

키레네

■ 그리스 식민도시
● 페니키아 식민도시

고대 그리스와 페니키아 식민도시의 해상 교역

명을 만든 최초의 사람들이 바로 가나안 사람들이었습니다. 그들 스스로는 가나안 사람이라고 했음에도 그리스 사람들은 가나안 사람들이 자주색 옷을 입고 다닌다 하여 그들을 '페니키아', 곧 '자주색 옷을 입은 사람들'이라고 불렀습니다. 이는 페니키아 사람들이 값비싼 자주색 염료를 만드는 기술을 보유하고 있었기 때문입니다. 이 페니키아란 이름은 기원전 1200년경 가나안 사람들이 해상 무역으로 전성기를 누리던 시기부터 불린 것으로 추정됩니다.

태양과 바람의 축복, 천일염

소금은 바닷가에서 쉽게 만들 수 있을 것 같지만, 실제로는 그리 간단치 않습니다. 바닷물에는 소금이 약 2.5%, 그 밖의 광물이 약 1% 정도 들어 있습니다. 바닷물에서 천일염을 얻기 위해서는 먼저 염전을 꾸밀 수 있는 갯벌이 있어야 합니다. 그런데 갯벌이 발달한 바다는 전 세계적으로 극히 드뭅니다. 게다가 갯벌이 넓고 적당한 간만의 차가 있어 계단식 염전을 꾸미기에 알맞아야 합니다. 그래야 잇달아 있는 염전에 바닷물을 옮겨 담아가며 증발시켜서 소금을 얻을 수 있습니다. 바닷물에 있는 여러 가지 광물이 가라앉는 속도는 각각 다른데, 대부분의 광물은 소금보다 먼저 가라앉기 때문에 바닷물을 한 못에서 다른 못으로 옮길 때마다 다른 광물들은 바닥에 남게 됩니다. 그런데 지구상에는 이러한 갯벌이 그리 많지 않습니다.

그리고 물을 빨리 증발시킬 수 있을 정도로 덥고 건조해야 합니다. 한마디로 햇볕과 기온이 좋아야 합니다. 한 해 동안 연평균 기온이 25도 안팎이어서 물의 증발량이 일정 기준 이상이어야 하고, 최소한 건기와 우기가 뚜렷해야 합니다. 그리고 비가 적고 주변에 큰 산지가 없어 적당한 바람이 있어야 합니다. 이렇게 해서 얻은 소금의 순도는 95~98% 입니다. 오늘날조차도 바닷가 염전에서 얻는 소금은 전체 생산량의 37% 정도입니다. 전 세계에서 생산하는 소금 가운데 61% 정도는 땅속에서 얻는 암염입니다.

로마 발전의 원동력, 소금길

로마는 소금으로 성장했습니다. '모든 길은 로마로 통한다!' 소금은 로마가 천하를 평정할 수 있었던 원동력 중 하나였습니다. 기원전 8세기 작은 도시국가였던 로마에는 소금 거래를 하던 상인들이 모여 살았습니다. 당시 소금은 구하기가 어려워, 생필품이면서도 대단히 고가의 귀중품이었습니다. 로마인들은 근교 테베레 강 하구에 유럽 최초의 인공 해안 염전을 만들고 하천을 통해 로마로 소금을 운송했습니다. 귀한 소금이 로마에는 많다는 소문이 나자 유럽 각지에서 소금

로마의 소금길 도로 표지판

상인들이 모여들기 시작했습니다. 그들의 왕래가 빈번해지자 유럽 각지에서 로마로 오는 여러 길이 만들어졌습니다. 이렇게 생긴 소금 수출 길이 이른바 '소금길(Via salaria)'입니다.

소금 유통의 중심지가 된 로마는 점점 더 강성해졌습니다. 로마는 소금길에서 고액의 통행세를 받아 막대한 부를 챙겼습니다. 또한 큰 돈벌이가 되는 소금 판매 사업을 국가가 독점하는 전매 제도로 만들었습니다. 그렇게 국가가 소금 판매를 독점하고 수출 또한 늘면서 로마는 자연스럽게 부강해졌습니다. 결국 소금의 수요가 무역로를 닦아 소금길을 만들었고, 이 소금길들이 모든 길을 로마로 통하게 한 것입니다.

고대의 소금은 신뢰의 상징

고대 유럽에서 귀한 손님이 오면 소금으로 조리한 음식을 대접하며 그 앞에 소금 그릇을 놓아 주었습니다. 레오나르도 다빈치의 명화 〈최후의 만찬〉을

조반니 피에트로 리졸리, 〈최후의 만찬〉 부분 확대, 1520년경. 레오나르도 다빈치가 그린 〈최후의 만찬〉 (1495~1497)을 모사하여 그린 그림으로, 다빈치의 그림은 훼손이 심해 보수와 복원을 되풀이했다

살펴보면 가운데에 있는 배신자 유다는 돈 주머니를 움켜쥐고 있고 그 앞에 소금 그릇이 엎어져 있는 것을 볼 수 있습니다. 유다가 그리스도와의 약속을 어기고 배신할 것이라는 것을 엎어져 있는 소금으로 상징한 것입니다.

소금은 기독교에서 신과 인간, 인간과 인간과의 불변의 약속을 상징하여 세례 의식에서 소금을 썼던 때도 있었습니다. 『구약성서』의 '민수기'에는 신과 사람의 영원히 변하지 않는 거룩한 인연을 '소금의 계약'이라고 표현했습니다.

베네치아와 소금 전쟁

베네치아는 수상 도시로 유명합니다. 이 도시도 소금과 뗄 수 없는 관계를 가지고 있습니다. 5세기경 훈족이 쳐들어오자 그 기세에 밀린 당시 베네토 지방의 로마인들은 침입을 피해서 바다 갯벌로 나가 몸을 피했습니다. 그 후 그곳에 인공 섬들을 만들어 자리 잡았는데, 그 도시가 베네치아입니다.

베네치아는 7세기 이후 해수면이 내려가 소금 생산에 좋은 조건을 갖추게 되었고, 천일염 제조 기술도 발명하면서 소금은 효자 노릇을 톡톡히 하게 됩니다. 놀라운 것은 당시 베네치아의 천일염 제조 방식이 오늘날 우리나라 염전에서 쓰는 방법과 같다는 사실입니다.

이렇게 베네치아는 소금 독점을 기반으로 배를 만들어 해상으로 대외 교역을 했고, 물류 중심지로 부상하게 됩니다. 당시 베네치아는 소금을 거래하면서 동방 무역을 독점하게 됩니다. 또 북아프리카에서 수입한 향료와 직물도 중계 수출하는 유리한 지리적 조건을 가졌습니다. 소금을 팔아 들여온 중국 비단은 한 필당 금 한 넝이에 거래되었습니다. 그렇게 중세 유럽 경제는 베네치아를 중심으로 활성화되기 시작했습니다.

이러한 귀중한 소금을 지키려고 베네치아 사람들은 소금 독점권을 둘러싸고 제노바 공화국과 120년 동안 네 차례의 전쟁을 벌였습니다. 예나 지금이나 경제 싸움은 치열했습니다.

간디의 무저항 소금행진

역사 속에서 소금은 농민 반란의 불씨로 작용하기도 했습니다. 프랑스 혁명도 소금에 대한 과도한 세금이 원인이 되었고, 당나라 말 '황소의 난'도 소금 밀매 조직들 때문에 일어났습니다. 우리가 익히 알고 있는 인도 민족운동 지도자 간디의 무저항주의도 소금이 발단이었습니다. 당시 영국은 식민지 인도에서 소금세를 걷었습니다. 인도에서 생산된 소금은 먹지도, 판매하지도

소금행진을 끝내고 소금을 집어 드는 마하트마 간디

못하게 하고 과도한 세금이 부과된 영국의 소금만 먹도록 강제한 것입니다. 영국 정부가 인도의 소금세를 두 배로 올리자 간디는 이에 저항하고자 이른바 '소금행진'을 시작했습니다. 1930년 간디는 3주간 수천 명과 함께 400킬로미터를 걸어 바다까지 행진을 이어갔습니다. 간디가 바닷가에서 집어 든 한 줌의 소금은 조국의 독립을 상징했습니다. 결국 소금이 인도 역사를 바꾸는 데 일조를 합니다.

중국 발전에 중추적 역할을 한 소금

세계사에서 빠질 수 없는 중국의 경우도 소금 없이는 이야기할 수 없습니다. 기원전 3,000년경부터 쓰촨 지방을 중심으로 소금 생산을 시작한 중국에서는 소금을 관리하는 염인이라는 관직이 있을 만큼 소금을 귀하게 다루어 왔습니다.

기원전 221년 진시황이 중국을 통일할 수 있었던 중요한 힘 중 하나도 소금이었습니다. 그의 힘은 쇠뇌라는 기계식 활의 개발과 소금과 철의 강력한 독점적 전매 제도에 있었습니다. 진시황은 소금을 팔아, 그 돈으로 군대를 양성하고 무기를 대량으로 생산했습니다. 중국 최초의 소금 전매 제도는 기원전 7세기 소금을 만들 수 있는 해안가를 소유한 제나라에서 처음 실시되었지만, 이를 전국 단위로 강력하게 시행한 왕은 진시황이었습니다.

더구나 진시황은 강력하고도 신속한 군대를 운용했는데, 그 비결은 소금에 있었습니다. 보통 부대가 이동할 때는 식량과 보급품을 지원하는 보급부대가 뒤따라 다닙니다. 그런데 진시황은 군대에게 소금 독점판매권을 주어 군부대가 보급부대의 지원 없이 소금을 팔아서 주둔 경비를 해결하도록 했습니다. 이를 통해 진시황의 군대는 기동력이 빠르고 사기가 충만할 수 있었습니다. 그렇게 소금과 철의 전매 사업으로 통일 자금을 비축하여 통일을 이루었고, 이를 바탕으로 만리장성과 아방궁 등 건설 사업도 추진하게 됩니다.

그뿐만이 아닙니다. 삼국 시대에도 소금이 나라 발전의 촉매 역할을 하였습니다. 바다가 멀어서 소금을 구하기 어려웠던 촉나라는 지하 염수를 이용하여 소금을 만들었습니다. 당시 고도의 시추 기술로 지하 1킬로미터 이상을 파 내려가 염수를 끌어올렸고, 이를 큰솥에 끓여 소금을 얻어 낸 것입니다. 지하에서 소금을 캐낸 것입니다. 그 과정에서 석유와 천연가스까지 발견해서 연료로 쓰기까지 했으니 일석이조였습니다.

우리나라의 구원투수, 소금

우리나라 역사에서 고구려, 백제, 신라가 모두 제일 먼저 확보한 지역은 소금 산지인 바닷가 갯벌이었습니다.

특히 우리 서해 갯벌은 세계 5대 갯벌의 하나이자 유라시아 대륙의 거의 유일한 대형 갯벌입니다. 서해안은 지형이 완만하고 수심이 얕아 조수 간만의 차가 크기 때문에 대규모 염전을 만드는 게 수월했습니다. 또 일조량과 기후가 천일염 생산에 적합했습니다. 우리 조상들은 이러한 천혜의 갯벌을 이용하여 고대로부터 소금을 생산하였고, 삼국 시대에는 소금 제조 기술이 진일보하여 바닷물을 졸여 소금을 만들었습니다.

소금은 우리나라에서도 국가 건국에 있어 매우 중요한 요소였습니다. 고구려나 백제의 건국 신화에서도 소금장수 이야기가 들어 있을 정도로 소금은 건국에 필요한 자원이었습니다.

그 무렵 중국에서는 바닷물을 토기에 넣고 불을 지펴 소금을 생산하였습니다. 우리나라는 자염이라 하여 어느 정도 갯벌에서 바닷물을 증발시키고 써레질로 염도를 높인 후 마지막에 가마솥이나 토기에 넣고 끓여 소금을 만들었습니다. 이는 중국보다는 앞선 기술이었습니다.

고대 우리나라는 중국과 달리 소금을 전매 제도로 묶어두지 않아서 누구나 자유롭게 소금을 생산하고 판매할 수 있었습니다. 게다가 서해에는 갯벌이 넓게 펼쳐져 있어 소금 생산지가 많았습니다. 이러한 자유로운 소금 유통과 풍부한 생산량 덕분에 일찍부터 시장이 발달했습니다. 고조선 예맥족이 물소

세계 5대 갯벌

뿔로 만든 복합궁은 유명합니다. 맥족이 만들었다 하여 '맥궁', 또는 뿔로 만들었다 하여 '각궁'이라고도 부릅니다. 탄력성이 좋아 사거리가 길고 1분 안에 여섯 발 이상 쏠 수 있으며 적중률도 높았습니다. 당시 중국 활의 사거리가 50~100미터 정도인 데 비해 각궁의 사거리는 180~360미터 정도였습니다. 물소가 없는 우리가 복합궁을 만들수 있었던 이유도 소금에 있습니다.

고구려 유성 시장의 경우, 장이 서는 날이면 국내외 각지로부터 하루에도 수만 명의 상인들이 몰려들었습니다. 국제적으로 유명한 시장이었습니다. 고조선과 고구려에서 물소뿔로 만든 복합궁이 일찍이 발달했던 이유도 남방

고구려 무용총 수렵도

상인들이 소금과 바꾸기 위해 물소뿔을 많이 들고 왔기 때문입니다. 우리 민족이 고대로부터 활을 잘 쏘는 이유는 바로 이 복합궁 덕분입니다.

　그 밖에도 소금은 해상 교역을 발전시켰고, 여러 곳에 소금 유통 중심지를 만들어 주었습니다. 조선 시대의 마포 나루터가 좋은 예입니다. 마포동과 용강동 일대의 마포 나루터는 조선 시대부터 소금과 새우젓 집산지로 유명했습니다. '마포염'이라는 이름의 소금이 있을 정도였습니다. 염전 하나 없는 마포가 소금 유통의 중심지라니 의아하게 생각될 수도 있습니다. 마포 나루 상인들은 한강 수로를 이용해 서해, 충청, 전라도까지 소금과 새우젓을 공급했습니다.

참고로 서울의 염리동이나 염창동은 소금 창고가 있어서 붙여진 지명입니다. 이 밖에도 이순신 장군이 여수 지역에서 소금 생산으로 군수 물자를 충당한 것이나 어사 박문수가 낙동강 하구에서 소금 생산을 장려한 일 등을 보면 우리 역사에서 소금은 항상 힘을 실어 주는 구원투수였습니다.

지금까지 이야기한 것처럼 소금은 우리가 생각하는 그 이상으로 중요한 상품이었습니다. 모든 문명은 소금을 구할 수 있는 곳에서 발아하기 시작했으며, 세계 경제사에서 빛을 보았던 국가나 도시 대부분은 소금 전매 제도에 힘입어 번성한 곳이 많았습니다.

실제 인류가 지금처럼 자유롭게 소금을 사 먹을 수 있는 것은 근래 들어와서의 일입니다. 우리나라도 고려 충렬왕 14년(1288) 때 처음으로 염전에서 세금을 거두기 시작했는데 1961년에 이르러서야 소금 전매제가 폐지되었습니다. 소금이 시중에 자유롭게 유통되기 시작한 것은 불과 55년 남짓밖에 되지 않은 것입니다.

우리나라 사람들의 주식이자 밥심 하면 빠질 수 없는 것이 바로 쌀입니다. 이러한 쌀에도 숨은 이야기가 많습니다.

우리에게 당연한 한 끼로 여겨지는 쌀은 현재 세계 인구의 60%가 주식으로 먹고 있습니다. 쌀의 기원에 대해서는 여러 가지 설이 있는데, 그 가운데 기원전 7000년경 인도나 동남아시아에서 비롯되었다는 설이 가장 유력합니다. 그도 그럴 것이 쌀은 주로 물이 풍부하고 따뜻한 기후에서 잘 자라기 때문입니다.

벼농사 기술은 양쯔 강 하류를 거쳐 황허 유역에 약 5,000년 전 전파되었다고 합니다. 이 설에 따르면 우리나라에는 중국을 통해 벼농사가 유입되었습니다. 그 뒤 쌀은 이란을 거쳐 캅카스, 시리아와 소아시아까지 전해졌고, 아랍인들이 유럽에 진출하면서는 터키를 지나 발칸 반도까지 전파되었습니다. 한편, 아메리카 대륙으로는 상대적으로 늦게 전해져서 16세기 초나 되어

서야 처음으로 브라질에 도달했다고 합니다. 이렇게 쌀은 밀이나 보리에 비해 역사적으로 조금 늦게 등장하였습니다.

밥심 민족의 인류 최초 쌀농사

그런데 1993년 중국 후난 성 옥섬암 동굴에서 약 1만 1,000년 전의 볍씨가 발견되면서 쌀의 기원이 중국으로 바뀌었습니다. 그 후 얼마 지나지 않아 중국보다 앞서 우리나라에서 세계 최초의 쌀농사가 이루어졌다는 놀라운 증거가 나왔습니다.

현재 오창과학산업단지가 있는 충북 청주시 흥덕구 옥산면 소로리 유적에서 1997~1998년과 2001년에 충북대학교 박물관 팀이 발굴 조사하던 중에 고대 볍씨와 유사벼 127톨을 발견하였습니다. 출토된 고대 볍씨는 벼의 진화

소로리 출토 상태의 모습과 낟알이 인위적인 힘에 의해 잘려진 모습
(출처: 충북대학교 박물관, 단장 이융조)

단계로 볼 때 야생벼와 재배벼의 중간 단계인 순화벼로, 재배벼의 원조벼입니다. 연대 측정 결과 1만 3,000년에서 1만 5,000년 전의 것으로 밝혀져 세계 최초의 분명한 벼 경작 흔적으로 해석됩니다. 또한 구석기 유물과 함께 발굴된 홈날 연모로 고대벼를 자른 흔적이 관찰되었습니다(사진의 ○ 표시 참고).

이후 소로리 볍씨는 약 1만 7,000년경의 것이라는 주장이 나왔습니다. 한국선사문화연구원이 "소로리 볍씨의 절대 연대가 영국 옥스포드대에서 개발한 탄소연대 측정계산법을 적용한 결과, 기원전 1만 5118년으로 나왔다"라고 발표하여 1만 7,000년 이전의 벼로 확인되었습니다. 또 지금까지는 '소로리 볍씨'로만 불렸으나 이를 청주 소로리볍씨라고 하고 학명으로 'Oryza sativa coreaca(오리자 사티바 코레아카)', 곧 '한국벼'라는 학명도 부여했습니다.

이렇게 우리나라에서 쌀농사에 관련된 자료가 세계에서 가장 오래된 것으로 밝혀진 것은 상당한 의미를 지닙니다. 먹거리로 쌀을 이용한 것은 공동체 형성이 빨리 이뤄졌다는 이야기입니다. 또한, 한반도가 쌀농사에 적합한 곡창지대라는 것을 의미하기도 합니다. 밀농사와 달리 쌀농사는 매우 까다롭습니다. 기후나 수량 등 천혜의 조건이 쌀농사에 맞아야 합니다. 서양에서도 이러한 최적의 조건을 갖춘 곳에서 쌀농사가 제일 먼저 시작되었는데, 그곳은 바로 낙차가 적은 포 강이 흐르는 밀라노 인근의 롬바르디아 평야였습니다.

국가를 출현시킨 쌀농사

한반도의 세계 최초 쌀농사는 씨족사회의 발전과 연관이 있습니다. 보리나 밀과 달리 쌀농사는 많은 사람들의 힘을 필요로 합니다. 다시 말해서 논을 만들고 물을 대기 위해서는 수많은 사람의 협력이 필요합니다. 특히, 쌀농사에 필수적인 모내기와 벼 수확, 배수 작업을 공동으로 하는 과정에서 두레와 마을 공동체가 형성됩니다. 고대 한반도에서는 이렇게 씨족 공동체가 발달해 부족사회를 형성하고, 대규모 치수 사업을 통해 국가가 등장하게 된 것도 여타 지역에 비해 빨랐을 것으로 추정됩니다.

본격적인 정치 조직인 고대 왕국은 농경의 시작과 함께 등장했다는 것이 역사학계의 정설입니다. 특히, 수로와 저수지 등 관개 시설과 다리 등의 건설을 위해서는 인력이 대거 투입되어야 했습니다. 많은 노동력을 동원하고 이들을 효율적으로 관리하기 위해서는 정치 조직이 필수적이었던 것입니다.

실제로 고대 봉건국가에서는 물을 다스리는 치수가 가장 중요한 정치 행위

이자 왕의 업적이 될 만큼 중요했습니다. 즉 고대 동양에서 치수는 곧 정치였던 것입니다. 이처럼 쌀은 국가를 만들어 내는 대단한 능력을 지닌 농작물입니다.

세계 곳곳의 쌀 요리

쌀은 그 깊은 역사만큼이나 세계 곳곳에 다양한 형태로 그 흔적을 남깁니다. 특히 "아시아는 밥, 유럽은 빵"이라는 말처럼, 쌀을 주식으로 하는 아시아에서 쌀 음식이 더욱 다양하게 나타납니다. 우리나라만 해도 쌀을 가지고 할 수 있는 음식들을 보면 밥, 떡, 한과, 막걸리, 식혜 등 무궁무진하게 많습니다. 그럼, 쌀 요리에는 무엇이 있을까요? 가장 먼저 베트남 쌀국수를 떠올릴 수 있습니다. 베트남 북부에서 프랑스 수프의 영향을 받아 생긴 쌀국수는 베트남이 분단되면서 남으로 전해졌습니다. 동남아가 유독 쌀국수로 유명한 까닭은 밀로 국수를 만들 수 있었던 동북아 지역과는 달리 열대지방의 특성상 밀이나 메밀 같은 작물을 기르기 어려워 그 대신 풍부하게 자라는 쌀을 이용하였기 때문입니다. 여기에 동남아 특유의 기후 때문에 향을 강하게 첨가하다 보니 은은하게 먹는 동북아의 국수와는 다른 방향으로 발달하게 되었습니다.

한편, 말레이시아나 인도네시아에서는 주로 밥을 기름에 볶아 먹습니다. 이들이 먹는 쌀은 알곡이 가늘고 길며 푸석푸석해 우리 쌀과 같은 찰기가 없습니다. 그래서 이들은 쌀을 기름에 볶아서 먹는데, 말레이시아의 '나시레

쌀국수, 카레라이스, 나시고랭, 리소토 (왼쪽 상단 그림부터 시계 방향으로)

막', 인도네시아의 '나시고랭'이 그 대표적인 음식입니다.

또한 흥미로운 쌀 요리 중 하나가 카레라이스입니다. 커리는 아시다시피 인도 요리입니다. 당시 인도를 식민지로 삼은 영국의 영향을 받아 발전하게 되었습니다. 널리 알려지게 된 것은, 1870년대 일본의 한 유학생이 미국행 배에서 커리를 처음 접하면서부터였습니다. 그 후에 일본으로 전해진 커리는 밥 위에 부어 먹게 되면서 이름도 일본식으로 발음한 '카레라이스'가 되었습니다. 커리의 시초는 인도였지만 대중화는 쌀을 주식으로 하는 일본의 몫이었던 것입니다.

아시아에 비해 다양하지는 않지만, 서양에도 여러 쌀 요리가 있습니다. 서양에서 벼농사를 가장 먼저 시작한 이탈리아의 리소토가 그 대표적인 음식입니다. 쌀을 뜻하는 '리소(riso)'와 '적음'을 나타내는 접미사 '토(tto)'가 합쳐져 '짧은 시간에 만드는 쌀 요리'라는 이름을 갖게 되었습니다. 리소토는 16세기경 밀라노에서 만들어졌는데, 당시 밀라노는 '파에야'의 태생지인 스페인의 지배 아래 있어, 리소토가 탄생하기에 최적의 환경이었습니다. 그렇게 만들어진 리소토는 이탈리아뿐 아니라 전 세계 사람들의 많은 사랑을 받고 있습니다.

앞서 살펴본 것처럼 쌀은 최적의 환경에서만 자라기 때문에, 선택받은 민족에게 주어진 축복과도 같은 농작물입니다. 우리 동양인에게 쌀은 그 자체가 생명을 위한 주식이었으며, 쌀농사를 위한 치수 관리는 가장 중요한 정치 행위였으며, 쌀농사의 풍요를 비는 제사는 종교였습니다.

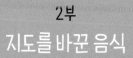

2부

지도를 바꾼 음식

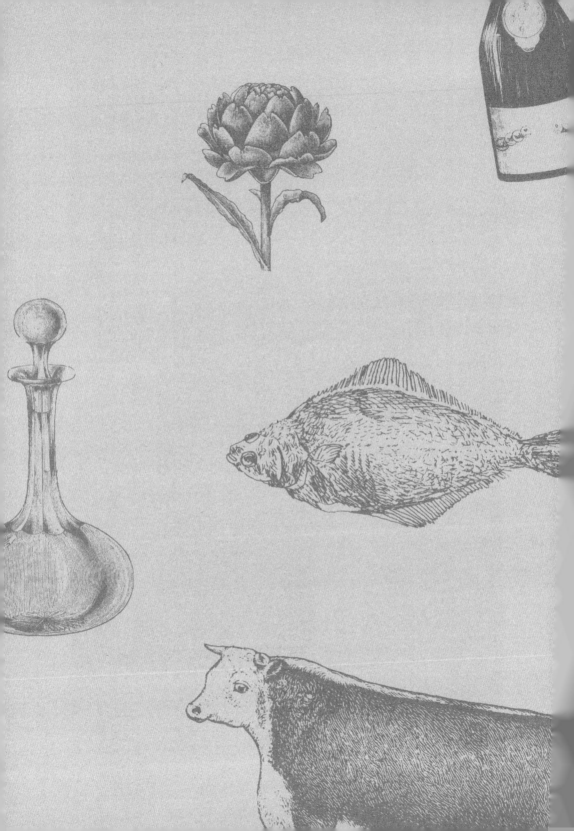

1. 칭기즈칸 신화를 만든 육포 이야기

13세기에 칭기즈칸의 몽골군이 중국 대륙과 중앙아시아, 러시아와 유럽 일대를 순식간에 정복할 수 있었던 힘은 무엇일까요? 바로 신출귀몰한 기동력 덕분이었습니다.

보통 몽골 기병 한 명이 서너 마리의 말을 끌고 하루에 이동하는 거리가 200킬로미터에 달할 때도 있었습니다. 이는 당시로서는 상상할 수 없는 빠른 속도였습니다. 칭기즈칸이 정복한 땅은 알렉산더 대왕과 나폴레옹과 히틀러, 이 세 정복자가 차지한 땅을 합친 것보다 더 넓었습니다.

고대로부터 대규모 부대가 움직일 때는 그 뒤를 따라가는 보급부대가 있어야 했습니다. 식량과 보급품들을 지원해

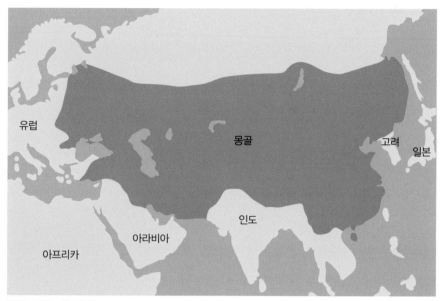

전성기 몽골 제국의 영토

줘야 하기 때문입니다. 어떤 때는 전투병보다 이러한 보급부대 인원이 더 많았습니다. 하지만 이러한 대규모 보급부대와 같이 움직이다 보면 전투부대의 기동력은 떨어질 수 밖에 없습니다. 그러나 몽골군에게는 이러한 보급부대를 끌고 다닐 필요가 없어 기동력 있는 작전이 가능했습니다.

이것이 가능했던 이유는 몽골군은 보급부대 없이 장병 스스로 먹을 것을 안장 밑에 깔고 다니며 식사를 해결했기 때문이었습니다. 그 안장 밑 음식이 바로 육포였습니다.

육포에 대해 좀 더 자세히 알아보겠습니다. 몽골군은 겨울에 소를 잡아 살코기 부분만을 두께 2~3센티미터, 폭 5~7센티미터 정도로 찢은 뒤 줄에 매달아 바싹 말립니다. 건조한 기후에서 고기의 수분을 완전히 제거하면 무게와 부피가 크게 줄어듭니다. 이렇게 만들어진 육포를 절구에 넣고 갈거나, 망치나 돌멩이로 두들겨 가루로 만들었습니다. 이를 '보르츠'라 불렀습니다. 몽골군은 보르츠를 깨끗이 씻은 소의 위나 오줌보 안에다 보

칭기즈칸

관하여 이를 안장 밑에 깔고 다니며 물에 불려 먹었습니다.

육포가루만 물에 타 먹어도 한 끼 식사로 충분했습니다. 바짝 말라 있던 육포가루가 뱃속에서 서서히 부풀어 올라 공복을 채워 주기 때문에 한 봉지의 육포만 있어도 일주일치 비상식량이 될 수 있었습니다.

특히 전쟁 중에 불을 피워 조리를 할 필요도 없으므로 부대가 적에게 쉽게 노출되지도 않았습니다. 이게 바로 몽골군의 신출귀몰한 기습 작전이 가능했던 이유입니다.

육포가루, 곧 보르츠는 간편하고 부피가 작고 가벼워 운반이 쉽고 2~3년 동안 실온에서 장기간 보관해도 변질되지 않았습니다. 보르츠는 주로 쇠고기로 만들었지만 양고기, 말고기, 물고기 등으로도 만들 수 있었습니다.

육포와 햄의 지리적 팽창

이제는 육포가 어떻게 퍼져 나갔는지 그 지리적 팽창을 살펴보겠습니다. 칭기즈칸이 태어난 아무르 강 일대에서 먹기 시작한 육포는 몽골 제국의 팽창과 함께 중국과 유라시아 대륙으로 넓게 퍼져 나갑니다. 그러던 중 칭기즈칸의 사망으로 몽골군이 급히 퇴각하면서 육포 역시 그 이상 더 전파되지 않았습니다. 냉장고가 없던 시절의 육포는 보관이 용이한 최상의 단백질 공급원이었습니다.

서양에서는 육포 대신 생선과 돼지고기를 이용한 절임고기가 개발되었습니다. 스페인에서는 돼지 뒷다리를 소금에 절였다가 햇빛이 들지 않는 음지

하몽

에서 오랫동안 말려 기름기를 뺀 '하몽'이 개발됩니다. 이렇게 스페인에서 개발된 절임대구와 하몽은 이후 오랜 기간 항해해야 하는 대항해에서 건빵과 더불어 긴요한 주식이 되어 콜럼버스가 신대륙을 발견 할 수 있도록 도와주었습니다. 이후 이 절임대구는 네덜란드로 퍼져 나가 절임청어로 변신하고, 하몽은 이탈리아로 퍼져 나가 일명 '프로슈토'가 됩니다. 프로슈토는 서양 각국으로 퍼져나간 햄의 기원입니다.

햄버거의 기원도 몽골

햄버거에 들어가는 다진 고기 '패티' 역시 몽골에서부터 시작되었습니다. 영국을 포함한 일부 국가에서는 패티 자체를 '버거'라고 부릅니다.

우리나라의 육회와 비슷한 스테이크 타르타르

유목민이던 몽골인들은 양고기나 쇠고기를 적당히 잘라 이를 잘게 썰거나 덩어리로 만들어 안장 밑에 넣고 다녔는데, 안장의 무게 등으로 눌려진 고기는 날로 먹을 수 있을 정도로 육질이 연해집니다.

썰어서 다진 고기는 먹기도 좋고, 말이 뛸 때마다 그 충격으로 고기가 다져져 부드러워지고 말의 체온으로 숙성까지 가능했습니다. 『동방견문록』을 쓴 마르코 폴로는 망아지 한 마리의 살코기가 있으면 몽골 전사 100명이 하루 세 끼 식량으로 삼을 수 있다고 기록하기도 했습니다. 이런 식습관 때문에 몽골군들은 말에서 내리지 않고도 식사를 해결할 수 있었습니다.

13세기 러시아를 침공한 몽골인들은 당시에도 안장 밑에 고기를 넣고 다니며 말 위에서 식사를 했습니다. 몽골이 침략한 이후 러시아에서는 지금의 햄버그 스테이크와 비슷한 이 고기 요리를 '스테이크 타르타르'라고 불렀는데 이는 '몽골 스테이크'라는 뜻입니다. 이후 이 요리는 14~15세기에 독일의 함부르크까지 퍼져 나갔습니다. 그 뒤 함부르크에서 뉴욕으로 건너간 요리를 미국인들은 함부르크에서 왔다 하여 '햄버그 스테이크'라고 불렀습니다.

　육포와 햄버그 스테이크가 칭기즈칸 신화를 만들었다면, 절임대구와 하몽은 콜롬버스의 대항해를 가능하게 하여 아메리카 대륙과 세계로 뻗어 나갈 수 있었습니다. 이렇게 음식이 이루어 낸 지리적 팽창 과정은 흥미롭기만 합니다.

동양의 칭기즈칸이 먼 거리 원정을 위해 육포를 개발했다면 서양에서는 절임대구가 개발됩니다. 고대 스페인 동북부 바스크 지역에서는 생선을 햇볕에 말린 마른 대구와 소금에 절인 절임대구가 개발되었습니다.

 대부분의 물고기는 육지 주위의 얕은 바다인 대륙붕에 살고 있습니다. 대구는 차가운 물을 좋아하기 때문에 대륙붕이 가까운 북반구의 대서양에 많이 삽니다.

 대서양 대구는 큽니다. 보통 길이 1미터가 넘는 크고 못생긴 대구는 입이 커서 대구(大口)라 불립니다. 무게도 보통 30킬로그램가 넘는 대형 고기로, 살이 많아 사람들이 좋아합니다. 대구는 커다란 입을 쫙 벌린

스페인 발렌시아 지방에서 판매되고 있는 바칼라우

채 수면 가까이 물속을 돌아다니며 입속으로 들어오는 것은 무엇이든 삼켜버립니다. 대구는 그 큰 입만큼이나 엄청난 대식가입니다. 닥치는 대로 먹는데 새우와 오징어, 청어, 꽁치 같은 맛있는 생선을 주로 먹습니다. 이런 엄청난 식욕 때문에 대구는 잡기 쉬웠습니다.

바스크 민족은 대구를 잡기 위해 콜럼버스 이전에 이미 신대륙의 포틀랜드까지 진출해 대구를 잡았다는 설도 있습니다. 그들은 북아메리카 해안에서 엄청난 대구 떼를 발견하고는 그곳을 독점하기 위해 발견 장소를 비밀에 부칩니다. 그리고 오랜 시간이 지나도 상하지 않는 염장대구를 유통시킴으로써, 유럽 내륙에 사는 사람들이 처음으로 물고기를 맛볼 수 있게 됩니다.

바스크족은 염장 대구를 만들기 위해 해안에서 천일염을 만든 것으로도 유명했습니다. 이후 절임대구는 포르투갈과 북해로 퍼져 나갔습니다. 이것이 유명한 바칼라우(대구)입니다.

콜럼버스가 대항해를 할 수 있었던 것도 바로 이 절임대구와 하몽 때문입니다. 그래서 대구를 흔히 '세계 역사를 바꾼 물고기'라고 부르기도 합니다.

대구잡이에 몰린 신대륙의 유대인

미국에 이민을 간 초기 유대인들은 맨해튼 어촌에서 일부는 네덜란드에서의 생업을 이어 청어와 대구잡이를 하고, 일부는 일용잡화 행상을 시작했습니다. 그 일들은 가장 손쉽게 시작할 수 있는 일이었습니다. 맨해튼 앞바다에도 청어와 대구가 있었지만 가까운 매사추세츠 근처 '케이프 코드(Cape Cod)'에 특히 더 대구가 많았습니다. '코드(Cod)'라는 단어는 생선 대구를 뜻합니다. 그 앞바다는 대구 산란철이 되면 말 그대로 '물 반, 대구 반'이어서 대구가 배에 부딪힐 정도로 많았다고 합니다. 지금도 그곳은 세계 4대 어장 중 하나입니다.

냉장고가 없던 시절이라 말린 대구와 소금 절임대구는 유럽인들이 좋아하는 먹거리였습니다. 유대인들은 비버와 대구잡이를 위해 뉴암스테르담과 케이프 코드 연안으로 몰려들기 시작했습니다.

산란철인 12월에서 3월 사이에는 먼바다의 대구가 연안으로 알을 낳으러 몰려듭니다. 몰려든 대구가 너무 많아 번식기에 알을 낳고 정자를 뿌리기 시작하면 바다가 하얗게 변할 정도였습니다. 어선들이 항해하기 힘들 정도였고, 뱃전에서 양동이를 내려 대구를 퍼낼 수 있었다는 이야기들이 전해집니다.

유대인들이 네덜란드에서 살던 시절부터 대구잡이와 절임청어는 유대인들의 주특기였습니다. 그들에게 말린 대구는 바다의 빵으로, 유대인들은 거의

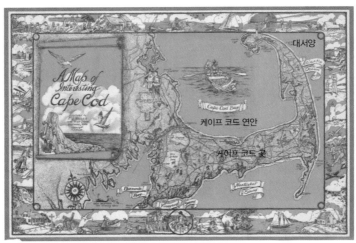

1945년에 그려진 매사추세츠 케이프 코드의 지도

일상적으로 대구를 먹었습니다. 특히 금식일이나 종교 절기에는 육류와 누룩든 빵을 금해 유대인들은 그 대신 말린 대구를 먹었습니다.

뉴포트 유대인들을 부자로 만들어 준 절임대구

1650년이 되자 뉴잉글랜드는 대구 무역 덕분에 상업의 중심지가 되었습니다. 점점 더 많은 사람들이 뉴잉글랜드로 몰려들었습니다. 1776년 대구잡이 항구 뉴포트의 유대인은 1,200명으로 항구 전체 인구의 20%에 이르렀습니다. 그들은 대구 처리와 소금 절임을 분업화하고 표준화했습니다. 그리고 철저한 품질관리와 서비스로 전국적인 유통을 장악해 이를 기업화했습니다. 네덜란드에서 그들이 하였던 방식 그대로였습니다. 냉장고가 없던 시절이라 절임대구는 이윤이 많이 남았습니다.

유대인들은 잡은 대구를 햇볕에 말리거나 소금에 절여 팔았고, 남은 것들은 두고두고 먹었습니다. 그들은 대구 철이 지나면 청어나 다른 고기를 잡았습니다. 당시 대구 어업으로 부를 축적한 '대구 귀족'들이 생겨나면서 유대인 부자들도 많이 탄생했습니다. 그 뒤 유대인 부자들은 높은 교육열로 대학 설립에 많은 재정을 지원했습니다. 1764년에 설립된 로드아일랜드 대학(현 브라운 대학)은 모든 학생에게 종교의 자유를 주고, 기독교 종교 행사에 유대 학생들의 강제 참여를 면제해 주었습니다. 유대인에게 종교의 자유와 교육은 무엇과도 바꿀 수 없는 절대적인 것이었습니다. 이때부터 유대인 부호들의 명문대학 설립과 재정 지원은 일종의 전통처럼 자리 잡았습니다.

미국 독립전쟁의 발단

유대인 노예 무역상들은 질 좋은 대구는 유럽으로 수출하고 나쁜 것들은 카리브 해의 사탕수수 농장에 팔았습니다. 농장에서 일하는 흑인 노예들은 이 대구를 먹고 열악한 환경에서 일했습니다. 그곳에서는 사탕수수즙에서 설탕을 제거하고 남은 당밀을 수입해서 럼주를 만들어 아프리카에 팔고, 그 돈은 다시 카리브 해 농장에서 일할 노예를 사 오는 데 쓰였습니다.

영국 왕이 식민지 뉴잉글랜드의 가장 중요한 교역 상품인 당밀과 차에 세금을 매기고 대구 무역을 제한하는 법까지 만들자, 화가 난 식민지 사람들은 독립전쟁을 일으켰습니다. 1782년 식민지 사람들과 영국 사이의 평화 협상에서 가장 해결하기 어려웠던 문제 역시, 새롭게 독립한 미국의 대구잡이 권리에 대한 것이었습니다.

대구 전쟁으로 탄생한 200해리 어업권

산업 혁명의 영향으로 점차 고기 잡는 기술이 발달하여 1.5킬로미터나 되는 긴 낚싯줄에 1,000여 개의 낚싯바늘을 매단 주낙을 사용하게 되었습니다. 주낙으로 길이 180센티미터, 무게 100킬로그램의 거대한 대구가 낚이기도 했습니다. 어부들은 주낙으로 엄청나게 많은 대구를 잡았습니다. 바닷속 대구의 수가 줄어들자, 아이슬란드와 영국은 아이슬란드 해의 대구 어업권을 둘러싸고 세 번에 걸친 전쟁을 벌였습니다.

'대구 전쟁'이 끝난 1975년에 아이슬란드는 해안으로부터 200해리 내에서는 자기 나라 어선만이 어업을 할 수 있다고 선포했습니다. 이에 잇따라 다른 나라들도 자기 나라 어부들을 위한 어업 지역을 선포하기 시작했습니다.

19세기 영국의 과학자들은 바다에는 엄청나게 많은 대구가 수백만 개의 알을 낳기 때문에 대구를 아무리 많이 잡아도 문제가 없다고 주장했습니다. 하지만 무분별한 남획으로 인해 대구는 멸종의 위험을 맞고 있습니다. 대구뿐 아니라 물고기 가운데 약 60%가 사라질 위기에 놓여 있습니다. 인간의 욕심에 의해 파괴되어 가는 환경 보존의 중요성을 다시 생각해야 하는 시점입니다.

3. 신대륙 발견의 일등 공신, 후추 이야기

후춧가루 등 향신료는 경제사에서 상상 이상의 중요성을 갖고 있습니다. 콜럼버스의 아메리카 대륙 발견, 바스코 다가마의 인도 항로 개발, 마젤란의 세계 일주 등이 모두 후춧가루를 구하기 위한 것이었습니다. 당시에는 동양의 향신료가 부의 원천이었습니다. 이를 계기로 대항해가 시작되었습니다.

향신료의 역사는 인류의 역사와 그 시작을 같이했습니다. 향신료가 언급된 5,000년 전 수메르인의 두루마리가 발견되었습니다. 고대 이집트에서는 미라를 만들 때 방부 처리를 하기 위해 혼합 향신료를 사용했다고 합니다.

인도에서는 기원전 3000년경부터 이미 후추와 정향 등 많은 향신료가 사용되었습니다. 후추와 정향 등은 살균력이 있어 재료 저장에 필수품이었습니다. 또한 향기가 병마를 퇴치한다고 믿어 향을 피워 부패를 방지하는 용도로 쓰는 경우도 많았습니다.

기원전 330년경 알렉산더 대왕은 페르시아를 정복했을 때 다리우스 2세의

후추나무의 원산지는 인도 남부로, 후추나무는 2~5년이면 붉은 열매를 맺기 시작하여 약 40년간 열매를 맺는다. 우리가 흔히 먹는 검은 후추는 아직 녹색을 띠고 있는 덜 익은 후추를 따서 발효시켜 얻고, 흰 후추는 다 익은 열매의 껍질을 벗겨 건조시켜 얻는다. 후추의 향미 성분은 겉껍질에 많이 들어 있어 겉껍질을 제거하고 건조시켜 만든 흰 후추보다는 껍데기째 말려 만든 검은 후추가 더 맵고 향이 강하다

궁전에서 300명에 가까운 요리사와 향신료만을 담당하는 수많은 노예들을 보았습니다. 그 뒤 알렉산더가 인도의 인더스 강 유역까지 정복하면서 동양 향료가 유럽에 전해졌습니다. 특히 그는 원정 때 친구인 식물학자를 대동하여 점령지의 많은 향신료를 수집하게 했습니다.

이후 후추를 유럽에 판매한 것은 아랍 상인들로 추정되는데, 이들은 다마스쿠스를 지나 홍해를 건너는 고대 향료길을 이용한 것 같습니다. 이렇게 해서 전래된 후추는 당시 그리스에서 요리용이 아닌 의료용, 그것도 대개 해독제로 쓰였습니다.

금가루보다 비쌌던 중세의 후춧가루, 로마 시대부터 애용

유럽인들이 인도산 후추와 계피 등 향신료를 본격적으로 사용하기 시작한 것은 로마가 이집트를 정복한 뒤부터입니다. 인도에서 무역풍을 타고 인도양과 홍해를 거쳐 이집트에 오는 항로가 개발되었기 때문입니다. 1세기 유럽에 수입되는 물품의 반 이상은 향신료였고 대부분은 인도에서 들여온 후추였습니다.

후추는 실크로드나 해로로 상업 중심지 호르무즈나 아덴에 옮겨진 후 그곳에서 다시 베네치아와 알렉산드리아로 운반되었습니다. 당시 후추는 너무 귀중해 로마에 도착하면 같은 무게의 금과 가격이 같았습니다.

중세에 이슬람이 실크로드와 바닷길을 장악해 8세기경부터 지중해는 이슬람의 바다가 되었습니다. 그 뒤 향신료는 모두 아랍 상인의 손을 거쳐 공급됐습니다. 따라서 가격이 오르고 거기에다 술탄이 과도한 관세를 부과해 더욱 비싸졌습니다. 이를 베네치아의 상인들이 아랍 상인들로부터 사서 막대한 이윤을 붙여 유럽 각지에 팔았습니다.

그러다 보니 후추의 소비자 가격은 금가루와 같았습니다. 그래서 금의 무게를 잴 때 후춧가루가 사용되기도 했습니다. 귀하다 보니 화폐로 통용된 때도 있었습니다. 이쯤 되자 후춧가루는 베네치아를 제외하고는 유럽 각국에서 왕실의 독점 전매품이 되었습니다.

후추 무역의 중심지, 베네치아

중세 사람들은 아시아와 교역할 때 바그다드를 지나 흑해의 남부 해안을 경유해 콘스탄티노플에 이르는 경로를 이용했습니다. 향신료는 콘스탄티노플에서 항구도시 베네치아로 운반되었습니다. 15세기 말이 될 때까지 400년 동안 거의 모든 무역은 베네치아에서 이루어졌습니다.

6세기부터 베네치아는 인근 개펄에서 생산한 소금을 갖고 동방 무역을 시작했습니다. 당시 소금 역시 귀하고 비쌌습니다. 이후 베네치아는 수 세기 동안 동방 무역으로 번영을 누렸습니다. 베네치아 상인들은 11세기 후반에 시작해 근 200년 간 진행된 십자군 원정 덕분에 세계 향료 시장에서 제왕의 지위를 공고히 할 수 있었습니다. 동방 무역을 독점할 수 있었기 때문입니다. 게다가 베네치아 공화국은 서유럽에서 온 십자군에게 수송선, 전함, 무기, 자금을 직접 공급해서 바로 이득을 챙길 수 있었습니다.

전 유럽의 무역업자들은 향신료 특히 후추를 사기 위해 베네치아로 몰려들었습니다. 15세기 향료 무역은 베네치아 상인들의 독점으로 다른 나라들이 비집고 들어갈 틈이 없었으며 베네치아 상인들이 챙긴 이윤은 어마어마했습니다.

대항해 시대

그러자 다른 나라들은 인도에 갈 수 있는 새로운 길, 특히 아프리카를 빙 둘러가는 바닷길의 개척 가능성을 진지하게 검토하기 시작했습니다. 포르투갈 왕 주앙 1세의 아들 엔히크 왕자는 해양 학교를 설립해 운영하면서 크고 튼튼한 상선을 대규모로 만들어 선단을 조직했습니다. 바야흐로 대항해 시대가 시작된 것이었습니다.

리스본에 있는 신대륙 발견 기념비. 맨 앞에 엔히크 왕자가 서 있다

15세기 중반 포르투갈 탐험가들은 아프리카 서해안의 베르데 곶까지 내려가서 콩고 강 어귀까지 도달했습니다. 4년 뒤인 1487년 포르투갈 항해가 바르톨로메우 디아스는 희망봉을 돌았습니다. 아프리카 남단까지의 항로를 개척한 것입니다. 2년 뒤 1498년에는 포르투갈 탐험가 바스코 다가마는 디아스가 개척한 항로를 따라 인도에 도착했습니다.

인도 남서 해안을 다스리고 있던 캘리컷 지역의 지배자는 후추 열매를 주고

금을 받기를 원했습니다. 세계 후추 무역을 지배할 꿈에 부풀어 있던 포르투갈 사람들은 후추를 사기 위해 금이 필요할 줄은 꿈에도 몰랐습니다.

5년 뒤 총과 군대로 무장한 바스코 다가마는 캘리컷을 정복하여 후추 무역을 포르투갈의 지배하에 두었습니다. 이로써 후추 교역에서 포르투갈 시대가 전개됩니다. 이후 포르투갈 제국의 영토는 아프리카를 포함해 동쪽으로는 인도와 인도네시아에 이르렀고 서쪽으로는 브라질에 다다랐습니다.

스페인도 향료 무역, 특히 후추에 관심을 두고 있었습니다. 1492년 크리스토퍼 콜럼버스는 서쪽으로 항해하면 인도에 도달하는 더 짧은 항로를 찾을 수 있을 거라 확신하고 스페인의 이사벨 여왕을 설득해서 탐사 여행의 재정 지원을 받아 냈습니다. 이후 콜럼버스는 신대륙을 발견합니다.

이렇듯 후추는 베네치아를 거대한 도시 국가로 만들었고, 대항해 시대를 주도했으며 콜럼버스가 신대륙을 찾아 나서도록 했습니다.

유럽인은 왜 비싼 향신료를 그토록 선호했을까?

그 무렵은 냉장고가 없던 시대라 주식이 빵과 감자 그리고 소금에 절인 저장육과 생선 정도였습니다. 소금에 절인 염장식품에 신물이 난 귀족과 세도가들은 후춧가루를 친 신선한 스테이크를 좋아했습니다. 또 맛없는 음식에 정향이나 육두구 같은 향료를 넣으면 맛있게 먹을 수 있었습니다. 당시 후추보다 비싼 게 육두구였습니다. 육식을 즐기는 서구인들은 고기 비린내를 제거하고 육류를 저장하는 데 향료를 사용했습니다.

향료는 음식의 풍미를 더하는 데 머물지 않고 성욕을 돋우는 강장제와 의약품으로 여겨졌습니다. 특히 전염병을 예방하는 살균 효과가 있다고 알려져 부유층들이 앞다투어 샀습니다. 전염병이 돌 때는 후추가 악취를 없애고 소독하는 약품으로도 쓰였습니다. 또한 서양인들은 육식을 할 경우 몸에서 나는 체취 때문에 조미료의 강한 향기를 요구하기도 했습니다.

후추 수입 성공하면 100배 이상의 떼돈 벌어

후추는 로마 시대부터 귀하게 여겨져 은제 항아리에 넣어 소중하게 다루었습니다. 인도 남부에서 생산되는 후추는 유럽 귀족의 입맛을 완전히 바꿔 버렸습니다. 중세 게르만 사회에서는 세금이나 관료의 급료, 땅의 매매나 임대, 결혼 지참금 등에 후추가 쓰였습니다.

후추는 열대성 식물이라 유럽에서는 재배가 어려워 동서 무역을 하는 대상들로부터 비싼 값에 사들일 수밖에 없었습니다. 대상들은 동양으로부터 후추를 사들여 비싼 값에 되파는 중계 무역으로 큰 부를 쌓았습니다.

후추가 이처럼 귀하고 비싸지자 사람들은 대상을 거치지 않고 목숨을 건 모험을 감행했습니다. 당시 인도 현지에서 산 향신료를 싣고 배가 무사히 돌아오면 보통 100배 이상의 시세 차익을 보았습니다. 선장과 선원들은 고향에서 영웅이 됐고, 항해에 자금을 댄 상인들은 떼돈을 벌었습니다.

역사를 바꾼 대항해 시작되다

14세기 초 동서 교통로를 보호해 주던 원나라의 힘이 약해진 틈을 타 오스만 제국이 발흥해 유럽과 동방의 무역로를 차단했습니다. 그러자 유럽에서 후추 가격이 폭등했습니다. 생산지 가격의 100배는 보통이고 육두구의 경우 600배까지 치솟았습니다. 동양의 향신료만 얻을 수 있으면 그야말로 대박이었습니다. 그러자 유럽 각국들은 동방 향료를 구하기 위해 혈안이 되었습니다. 인도로 가는 새로운 항로 개척이 시급해진 것입니다.

지리상의 발견이 시작된 것도 바로 후추를 구하기 위해서였습니다. 이슬람을 통하지 않고 향신료 무역을 직접 하려고 시도한 것이 스페인과 포르투갈의 대항해였습니다. 그 촉발제는 마르코 폴로의 『동방견문록』이었습니다. 이 책이 그 무렵 성경 다음의 베스트셀러였습니다. 그만큼 당시 사람들은 동방에 대한 관심이 지대했습니다. 이 책에는 향신료 산지에 대한 기록이 자세히 적혀 있었습니다.

스페인과 포르투갈의 향신료 획득 전쟁은 포르투갈의 승리로 끝이 납니다. 포르투갈은 인도의 고아에 식민 기지를 마련하고 말레이 반도의 말라카 왕국과 향료의 주산지인 인도네시아 말루쿠 제도를 점령해 단번에 향료 무역을 독점했습니다. 반면 항로를 서쪽으로 잘못 잡은 스페인은 신대륙을 발견했습니다.

포르투갈 사람들이 구한 향료는 인도의 후추와 스리랑카의 계피를 비롯해 말

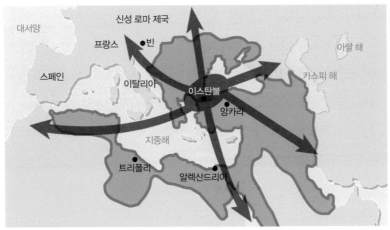

오스만 제국의 최대 영역

루쿠 제도의 정향, 반다 섬의 육두구 등이었습니다. 포르투갈이 가져간 향료가 큰 인기를 끌고 엄청난 이윤을 내자 네덜란드와 영국도 동인도회사를 속속 설립해 향료 무역에 뛰어들었습니다. 유럽의 발전은 후추가 이끈 셈입니다.

향신료가 유럽을 깨어나게 하다

십자군 전쟁을 일으킨 교황 우르바노 2세는 검소한 교황이었지만 육식을 즐겼습니다. 이슬람의 세력 확대로 지중해 동쪽이 이슬람에 넘어가자 후추 수입에도 큰 타격이 있어 품귀 현상이 일고 값도 엄청나게 올랐습니다. 교황이 십자군 전쟁을 일으킨 이유가 종교적 성지 탈환뿐 아니라 후춧가루에도 그 원인이 있을지 모릅니다. 종교 이념이 지배하고 육체와 감각이 천시되었던

신대륙을 발견한 콜럼버스 일행

중세 유럽의 어둠을 향신료가 깨우기 시작했습니다.

중국의 정화는 서양과 비교할 수 없는 대함대를 이끌고 먼저 세계를 누볐습니다. 하지만 당시 중국 왕조는 지방의 토호 세력들이 그 무렵 막강했던 해상 세력과 손잡고 반란을 일으킬 것을 우려하여 해금령을 내렸습니다. 바다 출입을 일절 금한 것입니다. 게다가 모든 배를 파괴하고 불살라 버렸습니다. 조선도 해금령에 동참했습니다.

이로써 동양은 바다와 벽을 쌓고 막강했던 동양의 시대는 막을 내렸습니다. 동양은 스스로 폐쇄의 길을 선택하여 바다를 서양에 헌납한 꼴이 되었습니다. 이를 계기로 서양의 대항해가 세계의 해상 무역을 주도하게 되고 서양이 동양을 추월하는 계기가 되었습니다. 세계사에서는 이를 기점으로 중세와 근대를 나눕니다. 그만큼 이때가 세계사적인 대 변혁기였습니다. 육류를 즐긴 서양의 향신료에 대한 욕구가 서서히 유럽을 깨우기 시작해 세계사의 운명을 바꾼 것입니다.

근대의 시작, 콜럼버스의 대항해

1492년 10월 12일, 크리스토퍼 콜럼버스가 신대륙을 발견했습니다. 그러나 사실 신대륙의 첫 번째 발견자는 아메리카 원주민들이었습니다. 그들은 빙하기인 2만 년 전 당시 육로였던 베링 해협을 통해 아시아에서 아메리카로 건너온 것으로 추정됩니다. 그 뒤 신대륙을 두 번째 발견한 유럽인은 바이킹이었습니다. 그러나 1000년경에 일어난 이 사건은 세상에 별로 알려지지 않았습니다.

　콜럼버스의 출신에 대해서는 지금도 유대인이라는 설이 끊이질 않습니다. 그는 제노바 근처 사보나에서 모직물 무역상 도메니코 콜론과 스페인계 유대인 어머니 수산나 폰타나로시 사이에서 태어났습니다. 그래서 법적으로는 제노바 사람이었으나 이탈리아어를 쓰지 않고 스페인어를 썼습니다. 그의 아버지도 스페인계 유대인으로 추정됩니다. 중세에 상인은 유대인과 동의어였습니다. 그 무렵 장원제도하에서 대부분이 농사짓고 살았는데 떠돌아다니며 장사하는 상인은 유대인들이었기 때문입니다. 게다가 모직물 무역상은 대대로 유대인 고유의 직업이었습니다.

　그리고 콜럼버스는 영어식 성이고 그의 스페인식 성은 콜론입니다. 당시 '콜론'은 이탈리아에 살고 있었던 유대인들의 성으로, 콜럼버스도

중세 사람들은 지구를 평평한 원반 모양으로 생각해 먼바다로 나가면 절벽 아래로 떨어진다고 생각했다

자신이 다윗 왕과 관련이 있다고 자랑했다고 합니다. 콜럼버스가 개종 유대인인 '마라노'라는 설도 있습니다. 마라노는 종교재판을 피해 가톨릭으로 거짓 개종한 유대인을 경멸을 섞어서 부르는 말입니다. 최근 유대 연구가들에 따르면 콜럼버스는 1391~1492년 사이에 스페인에서 추방된 유대인이라는 주장이 제기되고 있습니다. 당시 스페인에서는 마녀사냥식 종교재판이 성행해 많은 유대인들이 추방되거나 스스로 탈출했습니다.

콜럼버스의 『동방견문록』 탐독

콜럼버스는 어릴 때부터 항해에 관심이 많아 10대 후반부터 아버지를 따라 직물과 포도주를 팔러 지중해 연안은 물론 아이슬란드까지 항해했습니다.

스페인 궁정에서 이사벨 여왕 앞에 선 콜럼버스

1474년에는 유향을 사러 에게 해 키오스 섬으로 가는 항해길에 올랐고, 20대 후반에는 설탕을 사기 위해 스페인 남부 마데이라 섬을 방문한 적도 있었습니다. 이렇게 그는 어릴 때부터 해상 무역을 하던 무역상이었습니다.

당시 동서 무역의 주역 또한 유대인들이었습니다. 왜냐하면 기독교와 이슬람이 첨예하게 대립하던 시절이라 양쪽을 오가며 교역할 수 있는 상인은 유대인뿐이었습니다. 기독교도나 이슬람은 상대 지역에 들어갈 수 없을 뿐 아니라 항해 자체가 위험했던 시기였습니다.

콜럼버스는 제노바 상선대 선장이 된 뒤 마르코 폴로와 프톨레마이오스 등의 책을 읽고 지구가 둥글다는 믿음을 갖게 되었습니다. 그는 마르코 폴로의 글을 읽으면서 흥미로운 대목 옆에는 메모를 남길 정도로 탐독했습니다. 마르코 폴로는 몽골의 대칸이 지배하는 영역이 대인도, 중인도, 소인도, 이렇게 '세 개의 인도'로 구성되어 있다고 했습니다. 콜럼버스가 처음에 가고자 했던 곳은 마르코 폴로가 이야기한 '인도', 곧 원나라였던 것입니다. 그가 휴대한 이사벨 여왕의 편지 수신인은 '위대한 칸'이었습니다.

어렵게 얻은 이사벨 여왕의 후원

17년간 후원자를 찾아 헤매던 콜럼버스는 우여곡절 끝에 1486년 1월 스페인 이사벨 여왕을 처음 알현했습니다. 그는 탐험 계획을 설명하고 마르코 폴로의 『동방견문록』에 소개된 '대칸의 나라'를 찾아가겠다며 도움을 청했습니다. 이 계획은 특별 심사위원회에 올려졌으나 쉽게 결론 나지 않았습니다.

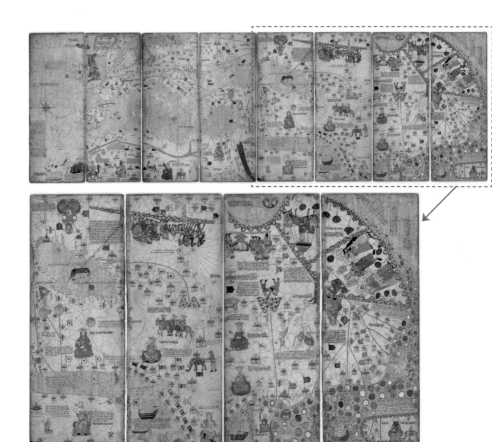

아브라함 크레스크, 「카탈루냐 지도」, 1375년. 지도 왼쪽의 4쪽에는 지중해를 중심으로 유럽과 소
아시아, 아프리카 지역이 그려져 있고, 확대한 부분인 오른쪽 4쪽에는 중동에서 중국, 인도에 이르
는 지역이 그려져 있는데, 동쪽 끝에 고려를 의미하는 지명(kao-li)도 적혀 있다

당시 궁전에는 세 명의 마라노(개종 유대인)들이 있었습니다. 궁정 유대인 가브리엘 산체스, 시종 J. 가브레로, 왕실 조세 관리관 루이스 데 산탄헬이 그들입니다. 그들은 이사벨 여왕에게 왕실 재산의 궁핍을 설명하고 만일 콜럼버스가 성공하기만 한다면 거대한 부를 거둘 수 있다고 거들었습니다. 당시는 유럽 왕실 내에 '궁정 유대인'이란 특이한 직종이 만들어지기 시작할 무렵이었습니다. 유대인들이 워낙에 재정을 관리하고 큰돈을 조달하는 데 유능했기 때문입니다. 궁정 유대인은 오늘날의 재무장관 격이었습니다. 여왕은 콜럼버스의 요구가 많아 처음에는 탐탁지 않게 여겼습니다. 그러나 루이스 데 산탄헬이 자신이 탐험 비용을 부담할 수 있다고 밝힌 것에 자극받아 그를 지원하기로 결정했습니다. 이사벨은 자금 외에도 팔로스 시로 하여금 선박 2척을 내주게 하고, 과거의 죄를 사면해 준다는 조건으로 승무원 모집도 거들어 주었습니다. 또 핀손이라는 선장이 자기 소유의 선박 산타마리아호와 함께 참가했습니다. 콜럼버스는 드디어 1492년 8월 3일, 3척의 배에 120명의 선원을 태우고 출발했습니다.

콜럼버스의 항해에 도움을 준 유대인들

당시 콜럼버스 항해를 적극적으로 지지했던 궁정의 후원자들은 주로 개종 유대인들이었습니다. 그리고 선원은 물론 통역관, 지도 작성자, 항해기구 제작자 등 항해에 도움을 준 사람들 대부분이 유대인이었습니다. 콜럼버스는 유대인 천문학자 아브라함 자쿠투가 작성한 항해 지도를 썼고, 유대인 조제 비지뉴가 개발한 도구를 썼습니다. 특히 통역관이었던 루이스 데 토레스는 4개 국 언어에 능통한 랍비 출신이었습니다. 콜럼버스의 항해에는 여러 방면으로 유대인 과학자들의 도움이 컸습니다. 당시 유대인 과학자들은 남들보다 1세 기 먼저 지도와 나침반을 만들어 먼 거리 항해를 준비했습니다. 마르코 폴로 의 글이 유럽인의 지리 지식을 어떻게 바꾸어 놓았는지를 잘 보여 주는 것이 1375년 스페인 마요르카 섬에서 제작된 유럽 최초의 세계지도입니다. 이 지 도에는 『동방견문록』에 의해 처음 알려진 지명들이 자세히 기록되어 있었습 니다. 모두 여덟 장으로 이루어진 지도는 동방 세계에 네 장을 할애했습니 다. 유대인 아브라함 크레스크가 바로 이 지도를 만들었습니다.

남반구 항해를 가능하게 한 유대인의 천측력

콜럼버스가 항해를 떠나기 5개월 전인 3월에 이사벨 여왕은 유대인 추방령을 내렸습니다. 당시 추방당한 사람 중에는 랍비이자 천문학자인 아브라함 자쿠 투도 있었습니다. 그 무렵 항해가들은 아프리카 서해안을 따라 탐험했는데 북반구에서는 북극성의 고도를 측정하면 대략의 위도를 구할 수 있었습니다. 경도는 연안을 따라 항해했기 때문에 큰 문제가 아니었습니다. 그러나 남반 구로 내려가면 북극성을 관측할 수 없어 위도를 구할 수 없었습니다. 이를 해 결한 사람이 바로 자쿠투였습니다. 그는 태양의 고도를 측정하는 방법을 고 안해 위도와 태양의 적위를 계산해 놓은 「천측력」을 유대어로 간행했습니다. 이로써 위도를 구할 수 있게 되어 남반구 항해가 가능해졌습니다.

그는 스페인에서 추방당하자 포르투갈로 건너가 포르투갈 왕실 천문학자로 일했습니다. 콜럼버스가 대항해를 결심하게 된 배경에는 자쿠투의 영향이 컸습니다. 그의 멘토였던 자쿠투는 지구가 둥글다는 사실을 콜럼버스에게 확실하게 각인시킨 인물이었습니다. 콜럼버스가 극복해야 할 마지막 난관은 선원 모집이었습니다. 저 넓은 바다 끝에 가면 벼랑 아래로 떨어져 죽을 것이라는 공포감 때문에 배를 타겠다는 사람이 없었습니다. 콜럼버스의 끈질긴 노력으로 선원의 4분의 1은 승선을 조건으로 사면받은 죄수들로 채워졌습니다.

콜럼버스의 첫 항해에 함께 나선 선원들 중 우수한 뱃사람, 독도사, 통역사, 외과의사 등 중요 인원은 대부분 유대인이었습니다. 콜럼버스가 이런 유대인 선원들을 만난 것은 행운 중의 행운이었습니다.

서인도 제도에 도착한 콜럼버스

마침내 1492년 10월 11일 콜럼버스는 신대륙에 도착했습니다. 출발한 지 70일 만이었습니다. 콜럼버스는 바하마 제도의 과나하니 섬에 도착한 것입니다. 그는 자신이 인도에 도착한 것으로 확신하고 신에 대한 감사의 뜻을 표시하기 위해 이 섬을 '산살바도르'라고 명명했습니다. '구세주'라는 뜻입니다. 콜럼버스가 그곳을 인도라고 착각한 이유가 있었습니다. 『동방견문록』의 애독자였던 그가 원래 가고자 했던 나라는 칸이 다스리는 원나라였습니다. 그런데 그는 해류 때문에 원나라의 남쪽 지방인 인도에 도착했다고 생각했습니다.

그래서 콜럼비스는 그곳 사람들을 '인디언'이라고 불렀습니다. 후세 사람들은 아메리카 원주민들이 인도 사람이 아니라는 것을 뻔히 알았지만, 콜럼버스를 따라 계속 인디언이라고 불렀습니다. 콜럼버스는 죽을 때까지 자기가 인도를 찾아냈다고 믿었습니다. 그의 이러한 슬픈 신념을 애도하기 위해 후세 사람들은 그가 찾아낸 카리브 해의 섬들을 서쪽의 인도라는 의미로 '서인도 제도'라고 불러 주었습니다. 그가 도착해 맨 처음 한 일은 돈이 될 만한 토산품을 찾아내는 일이었습니다. 그러나 여러 섬을 돌아다녀 보아도 어디에도 후추 같은 돈 될 만한 게 없었습니다. 그런 가운데 어느 섬에서 사금이 나는 걸 발견했습니다. 그 뒤 스페인은 금과 은에 집착하게 됩니다.

콜럼버스는 첫 귀환 길에 앵무새와 아메리카 원주민을 대동하여 사람들을 놀라게 했습니다. 그 뒤에도 신기한 동식물들을 많이 갖고 유럽으로 돌아왔습니다. 콜럼버스의 위대한 업적 가운데 하나는 그로 인해 신대륙의 감자와 옥수수, 고구마, 토마토 등이 유럽으로 전파된 것입니다. 훗날 바로 이 감자와 옥수수가 유럽을 기근에서 구해 주었습니다.

고추의 발견과 전파

콜럼버스는 두 번째 항해 때 서인도 제도의 아이티에서 매운맛이 나는 새로운 향신료, 고추를 발견했습니다. 고추의 원산지는 바로 중남미 열대 지방으로 인류는 9,000년 전부터 고추를 먹어 왔습니다.

아메리고 베스푸치

그 뒤 고추는 당시 동양과의 무역을 독점했던 포르투갈인을 따라 동쪽으로 전파되어 인도 너머 일본까지 건너갔습니다. 이렇게 고추는 50년 만에 세계로 퍼져 나가 지역 요리와 빠르게 결합했습니다. 그리고 1592년 임진왜란 때 일본을 통해 우리나라에 들어와 우리 민족의 입맛을 바꾸어 놓았습니다.

신대륙 명칭이 아메리카인 이유

콜럼버스는 자기가 찾은 땅을 인도라고 믿은 반면, 이탈리아 지도 제작자이자 탐험가인 아메리고 베스푸치는 1502년 남미 탐험 이후 남미를 인도가 아닌 신대륙이라 믿었습니다. 그래서 그는 자신의 확신을 담은 『신대륙』이라는 여행일지를 출판했습니다. 이에 사람들은 신대륙을 처음 인정한 그를 기려 신대륙을 아메리카라 불렀습니다. 그리고 1856년 파리에 살던 중남미 지식인들이 멕시코 이남의 나라들은 라틴 전통을 공유하고 있다고 주장하며 당시의 명칭인 '앵글로색슨 아메리카'가 아닌 '라틴아메리카'라고 부르기 시작해 라틴 아메리카는 중남미를 가리키는 말로 국제적으로 통용되었습니다.

4. 근대를 연 향신료 이야기

우리가 먹는 맛있는 음식 가운데는 맛과 향을 돋우는 것들이 첨가되어 우리의 미각을 훨씬 더 즐겁게 만드는 음식들이 있습니다. 이 맛과 향을 돋우는 주인공은 무엇일까요? 바로 후춧가루와 같은 향신료입니다. 이러한 향신료가 역사에서 지리를 넓히는 데 상상 이상의 큰 역할을 해 왔습니다. 그 이야기는 향신료 찾아 머나먼 대항해를 떠난 것에서부터 시작됩니다.

우리가 마트에 가면 지금은 아주 손쉽게 구할 수 있는 향신료가 옛날에는 매우 귀했습니다. 중세시대 후추의 경우 주로 인도에서 유럽으로 들여왔는데, 후추의 가격이 무려 같은 무게의 금값과 같았으니 그 가치를 짐작해 볼 수 있습니다. 당시 스테이크에 뿌려 먹는 후춧가루나, 음식에 맛을 더해 주는 정향 또는 육두구 같은 향신료는 음식 문화에서는 신세계나 다름없었으니 유럽인이 얼마나 열광했을지 충분히 상상해 볼 수 있습니다.

그러나 향신료는 지리적으로 멀리 위치한 실크로드나 바닷길을 통하여 아랍인과 유대 상인들의 손을 거쳐서 들어왔기 때문에 높은 가격에 거래될 수밖에 없었습니다. 더욱이 14세기 초 오스만 제국이 팽창하면서 유럽과 동방 사이의 무역로가 차단되는 바람에 향신료 가격은 천정부지로 치솟았습니다.

이러한 비상식적 가격 탓에 유럽 국가들은 향신료를 직접 구하는 데 혈안이 되었습니다. 그리하여 해양 강국 포르투갈에서 먼저 동방을 향한 바닷길 탐험을 떠나게 된 것입니다. 아프리카 서해안을 따라 내려가 희망봉을 돌아선 1498년, 마침내 포르투갈 탐험가 바스코 다가마가 인도까지 가는 항로를 처음으로 뚫게 되었습니다.

그 이후 포르투갈은 인도의 캘리컷 지역을 식민지로 삼으면서 후추를 독점적으로 교역하는 국가가 되었습니다. 이어 실론(지금의 스리랑카)과 말레이 반도의 말라카, 나아가서는 중국의 마카오까지 식민지로 선점한 포르투갈은 16세기 전반 막대한 부를 움켜쥐었습니다. 그렇게 향신료는 열강들이 식민지를 개척하기 위해 대항해 시대를 시작하도록 만든 주인공이었습니다.

콜럼버스, 후추 대신 고추 발견

더 놀라운 것은 향신료 탐험이 신대륙의 발견으로까지 이어졌다는 사실입니다. 동으로 향했던 포르투갈과는 달리, 경쟁국이었던 스페인은 인도로 가기 위해서 그 반대인 서쪽으로 항로를 개척하게 됩니다.

크리스토퍼 콜럼버스는 지구가 둥글다는 사실을 믿었습니다. 그래서 서쪽으로 가더라도 인도에 도달할 거라는 생각이 신대륙 발견의 발단이 된 것입

후추, 육두구, 계피, 생강가루 등 형형색색의 향신료

니다. 콜럼버스가 새로 발견한 대륙은 인도가 아닌지라 후추 같은 향신료는 눈을 씻고 봐도 찾을 수가 없었습니다. 그 대신 발견한 것이 바로 감자와 고추였습니다. 그리고 콜럼버스 일행은 후추에 대한 아쉬움이 남았던 것인지, 고추를 '빨간 후추(red pepper)'라고 이름 붙였습니다. 이처럼 향신료는 신대륙을 발견하게 하고, 나아가 고추는 한국인을 매료시킨 매운맛의 원천이 되었습니다.

향신료를 찾아 떠난 마젤란의 세계 일주

중세 시대 스페인과 포르투갈의 향신료 식민지 쟁탈전은 치열했습니다. 인

- - - - 마젤란이 동쪽으로 필리핀까지 간 항로(1505~1512)
──── 마젤란이 서쪽으로 필리핀까지 간 항로(1519~1521)

도로 가는 항로를 선점한 포르투갈만큼이나 스페인 또한 향신료 교역에 대한 욕심이 대단했습니다.

스페인은 포르투갈에 뒤처지지 않기 위해서는 새 항로를 개척하는 것이 시급하다고 판단했습니다. 그래서 스페인 정부는 포르투갈 출신 항해사인 페르디난드 마젤란의 신항로 개척을 선뜻 지원해 주었습니다. 마젤란은 서쪽으로 가면 향료가 많이 생산된다고 하여 일명 '향료 제도'라고 불리는 곳까지 닿을 수 있을 것이라 확신한 채 세계 일주를 시작했습니다.

1519년 스페인을 출발한 마젤란은 대서양을 건너 지금의 브라질, 우루과이, 아르헨티나 해안을 따라서 내려갔습니다. 그는 선원들의 폭동을 여러 차례 겪으면서도 항해를 강행했습니다. 향신료가 가져다 줄 부와 영광을 생각하면 도중에 포기할 수 없었기 때문입니다. 그러나 무리하게 태평양을 건너면서 많은 선원들이 희생되었고, 마젤란 자신도 필리핀의 조그만 섬 막탄에서 생애를 마치게 됩니다. 그래도 마침내 스페인을 떠난 지 3년 만에 마젤란이 이끌었던 선단 18명은 정향이 생산되는 원산지인 인도네시아 테르나테 섬에 도착해 향신료를 싣고 귀향할 수 있었습니다. 목숨과 맞바꾼 너무나도 값진 향신료 세계 일주였던 셈입니다.

돈방석에 앉은 동인도회사

그 이후로도 향신료 경쟁은 계속되었습니다. 포르투갈과 스페인이 잡고 있던 향신료 교역의 패권이 16세기 말 영국과 네덜란드 연합군에 넘어가게 된 것입니다. 영국은 인도를, 네덜란드는 인도네시아를 중심으로 해상 무역을 장악해 나갔습니다. 특히 네덜란드의 경우, 인도네시아의 바타비아(지금의 자카르타)에 향신료 무역의 근거지를 세우고, 실론과 케이프타운 중간에 통상 거점을 두면서 아시아 무역망을 형성해 갔습니다. 네덜란드 동인도회사는 향신료 독점 체제를 구축함으로써 떼돈을 벌었습니다. 향신료를 찾기 위해 세계 일주에 나선 사람들과 향신료로 인해 엄청난 부자가 된 사람들의 이야기, 맛있는 음식을 먹고 싶다는 인간의 본능적 욕망과 그로 인해 새롭게 쓰인 개척의 역사는 곱씹어 볼 만합니다.

바스코 다가마의 인도 항로 발견

1498년 바스코 다가마의 포르투갈 함대가 향신료를 찾아 아프리카 남단의 희망봉을 돌아 처음으로 아프리카 동쪽 해안에 이르렀습니다. 거기에는 많은 이슬람 상선들이 입항해 있었습니다. 그곳에서 단숨에 계절풍을 타고 인도 양을 가로지를 수 있었던 것은 아랍인 뱃길 안내자 덕분이었습니다. 이렇게 그는 인도 캘리컷에 도착했습니다. '진짜 인도'에 도착한 것입니다. 그 무렵의 인도는 유럽보다도 훨씬 풍요로운 국가였습니다. 특산물인 향신료 이외에도 갖가지 수공업이 발전되어 있었습니다. 면직물인 무명만 하더라도 캘리컷의 무명은 매우 고급품이어서 유럽인들이 한눈에 반했습니다. 이때 유럽인들은 이 직물에 '캘리코'라는 이름을 붙였습니다. 이후 인도에서 수입한 캘리코가 영국에서 엄청난 인기를 끌게 되었고, 이로 인해 영국의 산업 혁명은 면직물 사업에서부터 시작되었습니다.

바스코 다가마의 일행은 향신료와 캘리코 등 귀중한 동양 산물을 가득 싣고 귀국했습니다. 리스본에 2년여 만에 도착했을 때 처음 170명의 원정대 가운 데 생환자는 겨우 55명뿐이었습니다. 하지만 인도에서 가져온 상품 견본들은 포르투갈 상인들의 호기심을 끌기에 충분했습니다. 바스코 다가마 일행은 이 때 6,000%의 이득을 남겼습니다. 아주 놀라운 이윤율이었습니다. 중세 말 지 중해 향신료 무역에서 얻을 수 있었던 이윤율은 40% 정도였습니다. 그 뒤 신

항로의 개척으로 동방 산물이 이슬람 상인이나 이탈리아 중개상을 거치지 않고 유럽에 들어오면서 포르투갈 상인들은 엄청난 수입을 거둘 수 있었습니다.

이때부터 서구 열강의 동양 진출이 본격화되었습니다. 포르투갈은 1505년 인도 고아에 총독을 두고 이곳을 중심으로 식민지 개척 전략을 펴나갔습니다. 1511년 실론과 말레이 반도의 말라카도 정복했습니다. 그리고 1515년 페르시아 만의 항구, 호르무즈를 점령하면서 포르투갈의 동아시아 시대는 활짝 만개되었습니다. 이로써 본국까지 가지 않고도 호르무즈에서 아랍 상인들과 거래하여 짐을 처분할 수 있었습니다. 1517년에는 중국에 진출하여 마카오를 차지했습니다. 명나라는 포르투갈이 남중국해의 해적을 소탕하겠다고 했던 것에 호감을 가졌습니다. 마카오는 광둥 성의 거대한 비단 시장을 끼고 있었기 때문에 중계 무역으로는 최적의 입지였습니다. 이렇게 해서 16세기 전반 포르투갈은 큰 이익을 가져다주는 후추와 비단 등 동방 무역을 독점해서 거대한 부를 얻었습니다.

네덜란드의 동양 진출

이때 마젤란의 스페인 함대가 동남아시아를 거쳐 유럽으로 돌아가는 세계 일주에 성공했습니다. 스페인도 이번에는 '진짜 인도' 항로를 찾은 것입니다. 이어 포르투갈과 스페인 간의 경쟁이 본격화되었습니다. 곳곳에 두 나라의 중계 기지와 식민지가 생겨났습니다.

그런데 1588년 이변이 일어납니다. 스페인 제국의 무적함대가 그간 우습

게 보던 영국과 네덜란드 연합군에게 패한 것입니다. 이로 인해 동인도 항로의 주인공이 바뀝니다. 16세기 말부터 영국과 네덜란드가 스페인과 포르투갈을 몰아내고 이를 차지했습니다. 그러고 보면 당시는 바다를 지배하는 나라가 세계를 지배할 수 있었습니다. 특히 네덜란드의 동양 진출이 활발했습니다. 네덜란드 동인도회사의 경우, 17세기 중엽에는 말레이 반도에서 자바, 수마트라 등을 비롯해 대만, 일본과 독점 무역권을 수중에 넣어 동남아시아 해상 무역을 장악하였습니다.

100배 이상의 수익을 낸 향신료 교역

초기에 영국은 인도를 중심으로 거래했고, 네덜란드는 인도네시아를 위주로 무역을 했습니다. 마르코 폴로에 의하여 인도네시아 동부의 말루쿠 섬들이 향료 섬이라는 사실이 알려지자 네덜란드인들은 직접 그 원산지를 찾아 나섭니다. 1595년 네덜란드인들은 인도네시아에 거점을 세우고 무역을 확대해 나갔습니다.

당시 후추는 금값이었습니다. 이런 후추보다 더 비싼 게 육두구였습니다. 육두구의 영어 이름은 '너트메그(nutmeg)'로 사향 향기가 나는 호두라는 뜻입니다. 그 무렵 향신료는 부피가 적고 공급이 부족한 상황이었기에 매우 수익성이 높은 상품이었습니다. 정향을 실은 네덜란드의 첫 상선은 무려 2,500%의 순익을 남겼을 정도입니다. 하지만 이것은 시작에 불과했습니다. 그 뒤 네덜란드 동인도회사는 경쟁이 심한 인도의 후추를 피해 동남아 지배권을 확립하고 육두구와 메이스, 정향을 독점 거래하였습니다.

동인도 회사는 이렇게 독점 체제를 완성하여 구입 가격과 판매 가격을 맘대로 조정하였습니다. 그들은 생산지 가격은 최저로 억누르고 유럽에서의 판매 가격은 최고 수준으로 유지하며 비정상적인 초과 수익을 얻었습니다. 이같은 방법으로 헐값에 산 향신료들을 가득 싣고 배가 무사히 돌아오면 보통 100배 이상의 이익을 볼 수 있었습니다. 선장과 선원들은 고향에서 영웅이 됐고, 항해에 자금을 댄 상인들은 떼돈을 벌었습니다.

이렇게 향료 무역은 성공하면 대박이었지만 그에 못지않게 큰 비용과 희생도 따랐습니다. 향료 구입에 필요한 자금 외에도 훌륭한 대포가 장착된 배와, 능력 있고 경험이 풍부한 선장과 선원들을 확보해야 했습니다. 게다가 위험도 많았습니다. 17세기를 전후해 세 번에 걸쳐 동인도로 파견된 약 1,200명의 영국 선원들 가운데 무려 800명이 항해 도중 괴혈병과 장티푸스로 죽었습니다. 풍랑과 암초를 만나 배가 침몰하기도 했습니다. 현지인의 저항도 만만치 않았습니다. 향료를 싣고 오던 배가 적대 관계에 있는 국가의 무장 범선을 만나 약탈당하고 심지어 잔인한 학살극이 일어나기도 했습니다. 이렇게 힘든 항해를 마치고 본국에 돌아오는 선원들과 상인들의 수는 소수에 불과했습니다.

이런 연유로 해상 무역을 하는 회사는 무엇보다도 적들보다 강하고, 식민지를 개척하고 경영할 수 있는 군사력이 필요했습니다. 1602년에 설립된 네덜란드 동인도회사는 본국과 멀리 떨어진 곳에서 사업을 수행하기 위해서 '주식회사와 국가가 결합된 형태'가 되었습니다. 그래서 동인도회사에 주어진

육두구

권한은 정부 권한에 버금갔습니다.

동인도회사, 막강 권력을 갖다

네덜란드 정부는 1602년 동인도회사에 아시아 독점무역권을 보장했습니다. 해상 교역권 이외에 식민지를 개척하고 경영하는 데 필요한 여러 권한을 주었습니다. 협상의 권리와 교역 상대국 안에서 독립적인 주권을 보장해 주었습니다. 아울러 군대를 가지고 전쟁을 선포할 수 있는 권리도 주었습니다. 그 밖에 동인도회사는 화폐 발행권, 식민지 건설권, 요새 축조권, 자금 조달권 등도 얻었습니다. 이 뿐만 아니라 외국 경쟁자와 싸울 때는 정부의 전폭적인 지원을 받았습니다. 동인도회사는 한 나라에 비견되는 막강한 권리를 갖게 된 것입니다. 이 모든 것이 동인도회사의 대주주들에게 자유 재량권이라는 이름으로 위임되었습니다. 한마디로 대주주들이 동인도회사의 정책과 식민지 정책을 주도한 것입니다. 이렇게 자본주의의 상징인 최초의 주식회사 동인도회사는 한 손에는 무역, 다른 한 손에는 총을 갖고 교역을 시작했습니다.

큰 수익을 가져다준 삼각 무역

17세기에 이르러 네덜란드 동인도회사는 일본에까지 해상 교역을 넓혀 나갔습니다. 네덜란드는 1609년 일본 히라토 섬에 최초의 네덜란드 무역관을 설치했습니다. 일본과는 차, 도자기, 비단과 더불어 은과 구리도 사고 팔았습니다.

이후 1619년에 네덜란드는 자바 섬 서쪽의 수마트라 섬을 침략했습니다. 그리고 포르투갈로부터 말루쿠 제도를 빼앗은 후, 말라카와 실론까지 점령했습니다. 이 과정에서 네덜란드의 동인도회사는 17세기 중엽에 이르기까지

네덜란드 동인도회사의 깃발. 네덜란드 국기와 다른 점은 가운데 동인도회사의 로고가 있다는 것이다

폭력적인 섬령으로 곳곳에 식민지를 세워 무역관을 개설하였습니다. 무역관들은 약 20여 곳에 이르렀습니다.

당시 동인도회사는 삼각 무역에 주력했습니다. 인도네시아의 향신료와 인도의 후추, 무명 및 다이아몬드를 본국에 실어다 팔아 은을 마련했습니다. 당시 은은 국제 화폐였습니다. 그 은으로 인도네시아로 가는 길에 인도에 들러 후추와 무명을 샀습니다. 동인도회사는 인도에서 산 후추와 무명을 갖고 인도네시아에서는 향신료와 바꾸고, 일본에서는 은과 구리와 바꾸었습니다. 그리고 일본 은을 중국에 가서 금과 비단으로 바꿨습니다. 이렇게 한 행차에 몇 번의 거래를 하여 수익을 크게 늘릴 수 있었습니다. 삼각 무역은 오랜 기간 진행되었습니다.

날개를 달아 준 호르무즈 항구

이러한 네덜란드 동인도회사에 중요한 전기가 도래합니다. 아시아 상품이 직접 거래되던 페르시아 만 어귀의 호르무즈 항구를 이용할 수 있게 된 것입니다. 1515년 포르투갈은 이 항구를 선점함으로써 동인도 무역을 독점할 수 있었습니다. 호르무즈는 고대로부터 동양과 서양을 연결해 주는 핵심 거점이었습니다. 아라비아 대상들은 이곳에 도착한 배들로부터 물건을 받아 서양에 넘겼습니다.

그 무렵 유대인을 추방해 버린 포르투갈은 그 대타로 독일의 거상 푸거와 손을 잡았습니다. 그래서 푸거 일가가 동방 무역에 대한 자금을 댔습니다. 그리고 그 자금으로 포르투갈 배가 동인도 무역을 독점적으로 주도했습니다. 인도에서 돌아오는 포르투갈 배가 호르무즈에 도착할 즈음, 중동 지역에서 1,000~4,000여 마리의 낙타로 이루어진 대상들이 은과 금, 상품을 가득 싣고 호르무즈에 모여 거래가 이루어집니다. 푸거 일가는 이곳에서의 거래를 통해서 돈을 벌어 포르투갈에서 자금이 오기까지 기다리지 않고도 유럽으로 보낼 향료를 적기에 다시 구입할 수 있었습니다.

무엇보다도 선박이 인도양 남단을 멀리 횡단하여 아프리카를 돌아 포르투갈까지 가야 할 필요가 없어지자 연안 항로를 이용해 일 년 내내 교역 활동을 할 수 있었습니다.

당시 원거리 해상 무역을 결정하던 가장 중요한 요소는 계절풍이었습니다.

무역풍이라고 불리기도 하는 이 계절풍은 반년 주기로 풍향이 바뀌는 바람입니다. 이렇게 바람의 방향이 일 년에 한 번 바뀌면서 무역상은 될 수 있는 한, 한 방향으로 멀리 갔다가 바람의 방향이 바뀔 때까지 그곳에 머물렀습니다. 이렇게 해상 무역 상인들의 행동반경이 제한되자 그다음의 일은 중개 상인들의 몫이 되었습니다.

포르투갈은 호르무즈를 지배하면서 계절풍이 뚜렷이 나타나는 인도양을 항해하지 않고도 동방 물품을 대상들에게 인도할 수 있게 된 것입니다. 게다가 본국까지 갈 필요가 없어지자 선박 운행 기간이 대폭 단축되어 더 많은 거래를 할 수 있었습니다. 왕복하는 데 2년 이상 걸리던 시간을 6개월 미만으로 단축할 수 있었습니다.

1622년에 영국과 페르시아가 동맹을 맺고 호르무즈를 탈환함으로써 1세기 이상 지속된 포르투갈 시대는 막을 내렸습니다. 그 뒤 호르무즈는 누구나 이용할 수 있는 항구가 되어 네덜란드 동인도회사가 본격적으로 동아시아 교역을 주도하게 되었습니다.

네덜란드는 중국과의 무력 충돌을 피하기 위해, 이미 기항지로 점령했던 평후 열도에서 물러나 중국 영토가 아닌 대만을 점령했습니다. 그 뒤 네덜란드는 1662년 명나라의 정성공에 의하여 쫓겨나기까지 대만에서 인력을 수출하거나 사슴 사냥 등의 사업을 추진했습니다. 이어 일본에서 기독교 선교 문제로 포르투갈과 스페인이 쫓겨나자 네덜란드 동인도회사가 1639년부터 일본과의 교역을 독점했습니다. 일본과의 무역을 독점하게 되면서 이후 아시아 교역에서 네덜란드의 전성기가 펼쳐졌습니다.

그 뒤 네덜란드는 1641년 말라카에 향료 항구를 선설하고 남반부 아래로 탐험을 계속했습니다. 오세아니아에 간 네덜란드 항해사 아벨타즈만은 1642년 뉴질랜드를 발견했습니다. 그는 자신이 발견한 섬이 고향인 네덜란드의 제일란트(Zeeland) 지방과 닮았다고 해서 '뉴질랜드(New Zealand)'라고 이름 붙였습니다. 또한 네덜란드 동인도회사는 희망봉을 빼앗고, 뉴질랜드를 식민지로 만들고, 브라질을 점령했습니다.

네덜란드는 이번에는 아메리카 대륙을 공략하기 위해 서인도회사를 만들었습니다. 그리고 1630년부터 1654년까지 브라질 동북부를 점령한 뒤 사탕수수 농장을 만들어 설탕 산업을 본격적으로 키웠습니다. 설탕 또한 당대 최고의 부가가치 상품이었습니다. 그 뒤 동인도회사는 1696년 인도네시아에 세계 최초의 커피 농장을 만들어 오랜 기간 동안 커피 수출을 독점할 수 있었습니다. 돈 되는 곳의 돈 되는 사업은 모두 네덜란드 동인도회사와 서인도회사의 손아귀에 들어왔습니다. 동인도회사와 서인도회사는 최초의 글로벌 기업이었던 것입니다.

네덜란드 동인도회사의 만행

포르투갈로부터 말루쿠 제도를 접수한 네덜란드인들은 정향의 가격을 올리기 위해 이 섬에서만 정향을 생산하도록 했습니다. 약간 매운 듯하면서 향기를 내는 정향은 늘 푸르고 키가 큰 나무로 분홍 꽃이 피는데, 이 꽃이 정향의 원료가 됩니다. 꽃이 피기 바로 직전에 따서 햇볕이나 불을 지펴 말립니다. 말린 꽃봉오리가 마치 못을 닮았다고 해서 못의 모양을 본뜬 글자인 못 정(丁) 자를 써서 정향(丁香)이라 하며, 영어 이름인 클로브(clove) 역시 클루(clou, 못)에 서 유래되었습니다. 정향은 고대부터 대표적인 묘약의 하나였습니다. 게다 가 향기가 좋을 뿐 아니라, 우리가 쓰는 향료 가운데 부패 방지와 살균력이 가 장 뛰어납니다. 현재도 정향은 햄, 소스, 수프 등 서양 요리에서 필수적인 향 신료입니다.

네덜란드 동인도회사 사람들은 이후에도 무력으로 향신료 시장을 넓혀 갔 습니다. 그러나 대량 공급은 정향의 가격을 떨어뜨렸습니다. 그러자 향신료 에 다른 품종을 첨가하는 부정을 저지르기 시작했습니다. 그 결과 소비자의 불신을 초래하여 가격이 폭락했습니다. 1760년 암스테르담에서는 향료 가격 을 인상할 욕심으로 산더미 같은 향료 재고를 불태워 버리는 사건도 발생했 습니다.

정향 가격이 폭락하게 되자 네덜란드인들은 극히 일부 지역을 제외한 모 든 향료의 섬들에서 자라는 정향나무를 모두 뽑아 버렸습니다. 그 뒤 향료를 불법적으로 재배하거나 거래하는 자들은 모조리 처형했습니다. 오랫동안 정향에 의존해 왔던 원주민은 이러한 조치 때문에 수입이 줄어 몰락할 수밖 에 없었습니다.

1770년 모리셔스의 프랑스인 총독은 말라카로부터 어렵게 정향나무 씨앗 을 훔쳐 동아프리카 농장에서 재배했습니다. 이후 광범위한 향료 산지로부터

말린 정향(좌), 꽃봉오리가 맺힌 정향 나뭇가지 그림(우)

향료 공급이 증가되자 향료 독점권은 무너지고 가격이 하락하여 일반 서민들도 쉽게 구입할 수 있게 되었습니다. 오늘날 동아프리카 탄자니아는 세계 정향의 90%를 공급합니다. 반면에 정향나무 원산지였던 인도네시아는 오히려 정향의 최대 수입국이 되었습니다. 역사가 반전된 것입니다.

오늘날 인도네시아가 가장 많은 정향을 소비하게 된 데는 그럴 만한 이유가 있습니다. 19세기 후반에 인도네시아인들은 담배와 정향을 혼합해 '크레텍'이라는 정향담배를 최초로 생산했는데, 현재 인도네시아에서는 7만 명의 노동자가 정향담배의 생산에 종사할 정도로 크레텍은 엄청난 인기를 끌고 있습니다.

한국인의 대표적인 음식이라고 한다면 단연 김치를 꼽을 수 있습니다. 특히 겨울철에 먹을 김치를 위해 온 가족과 친척들이 둘러앉아 김장을 하고 이를 나누어 먹던 풍습은 우리 고유의 나눔 문화였습니다. 이러한 우리의 '김장 문화'가 2013년 유네스코 '인류 무형문화유산'으로 등재되었습니다.

중세 유럽의 향신료 탐험은 1492년 콜럼버스의 신대륙 발견으로 이어졌습니다. 자신이 밟은 땅을 인도라고 착각한 콜럼버스는 후추를 찾지 못했지만 대신 감자와 고추를 발견하였습니다. 그는 자신의 일기에 '후추보다 더 좋은 향신료'라고 고추를 평했습니다.

이후 콜럼버스에 의해 유럽으로 전해진 고추는, 16세기 포르투갈과 네덜란드 상인을 통해 아시아, 아프리카까지 퍼져 나갔습니다. 그렇게 고추는 한 세기 만에 전 세계로 전해졌고, 많은 사람의 입맛을 사로잡게 되었습니다. 그만큼 고추는 신대륙과 함께 발견한 또 다른 보물이었던 셈입니다.

우리가 알고 있는 고추

현재 세계 곳곳에서 고추의 매운맛을 즐기고 있습니다. 우리가 고추장을 즐겨 먹듯 고추의 원산지인 멕시코를 중심으로 살사, 타바스코, 칠리 등 매운 소스가 발전했습니다. 동남아에서도 덥고 습한 날씨 때문에 음식에 곁들이는 양념이 발달해 인도네시아의 삼발, 태국의 남프릭 등 매운 소스가 개발되었습니다. 또 인도에선 매운 품종의 고추가 많이 생산되고 있는데, 특히 아삼 지역은 엄청난 매운맛을 자랑하는 부트졸로키아 고추가 재배되었습니다.

한편, 우리가 잘 알고 있는 '달콤한' 고추, 파프리카는 부드러운 고추의 변종으로 미국의 열대 지역에 뿌리를 두고 있습니다. 터키를 대표하는 향신료

타바스코 소스

인 파프리카는 오스만 제국 당시엔 헝가리로 선파되었습니다. 파프리카는 단맛부터 매운맛까지 다양한데, 이 중 순한 맛의 파프리카 가루는 헝가리를 대표하는 향신료가 되었습니다. 헝가리식 쇠고기 스튜 '굴라시'는 파프리카를 활용한 가장 대표적인 음식입니다. 이렇게 고추는 매운맛, 순한 맛 가릴 것 없이 전 세계인의 입맛을 사로잡은 것입니다.

고추의 한국 입성

고추는 우리 식탁에서 빼놓을 수 없는 향신료이지만, 우리나라에 고추가 들어온 지는 400년밖에 되지 않는다고 합니다. 고추가 국내로 들어오게 된 시기를 놓고 의견이 분분한데, 임진왜란 즈음에 일본으로부터 들여온 것이라는 설이 일반적입니다.

중남미에서 유럽으로 건너온 고추는 포르투갈 무역선에 실려 1540년대 마카오와 중국 무역항에 도착합니다. 그리고 1543년 포르투갈 상인을 통해 일본 규슈까지 전해지게 됩니다. 그렇게 고추는 일본을 거쳐 지금의 부산인 동래 왜관을 통해 들어와 본격적으로 재배되기 시작했습니다. 임진왜란 이전에 이미 고추 재배가 경상도 일대로 퍼져 나간 것입니다. 재배가 어렵지 않은 덕분에 그 뒤 고추는 남에서 북으로 점차 확산되었습니다.

한국을 대표하는 김치는 고추 맛을 가장 잘 보여주는 음식입니다. 하지만 김치가 원래부터 매웠던 것은 아니라고 합니다. '국물이 많은 절인 채소'라는 의미의 '침채'가 김치의 어원인데, 여기에 고추를 넣어 담그게 된 것은 1700년경부터입니다. 그 전까지는 마늘이나 산초, 생강, 파 등을 매운맛을 내는 향신료로 사용하고, 소금으로 간을 하여 발효시켜 먹었습니다.

1614편 편찬된 『지봉유설』에서는 일본에서 전래되었다 해서 고추를 '왜개자(일본에서 들어온 겨자)'라 불렀으며, 이익은 『성호사설』에서 '왜초'라고 일컬었습니다. 당시엔 고추를 일본인이 조선인을 독살할 목적으로 가져온 독초로 취급했다고 합니다. 그래서 멀리해 오다 향신료 가격이 오르면서 점차 고추로 눈을 돌리게 되었습니다. 18세기 들어 김치나 젓갈의 맛이 변하는 것을 방지하고 냄새를 제거하는 용도로 사용되면서 비로소 매운맛의 재료로서 자리잡게 된 것입니다. 그 뒤 고추를 고초라고 불렀는데 이는 후추같이 매운맛을 내는 식물이라 하여 붙인 이름입니다. 이러한 과정을 거쳐 고추의 매운맛이 서민들 밥상에 정착하게 된 것은 불과 19세기 초반이었습니다. 한국 요리가 맵다는 고정관념도 실제로는 2백 년 남짓밖에 되지 않았다는 이야기입니다.

고추는 단순한 양념에서 더 나아가 고유한 민속주도 낳았습니다. 고추감주라 하여 고춧가루를 탄 감주는 감기를 낫게 하는 약으로 먹는 민속주입니다. 또 고추는 민속 약으로도 쓰이기도 했습니다. 신경통, 동상, 이질, 담 등의 민간요법에 쓰였습니다. 우리나라 사람들은 이질 등 세균이 침입해 염증을 일으키는 소화기 질환에 비교적 강한 반면, 매운 걸 잘 먹지 못하는 일본인들이 이질에 매우 약한 걸 보면 고추는 확실히 소화기관을 강하게 만드는 것 같습니다.

우리에게 너무나도 친숙한 고추는 많은 매력을 지닌 채소로, 우리 민족과는 떼려야 뗄 수 없는 찰떡궁합의 향신료입니다. 보건복지부의 조사(2005년)에 따르면 우리나라는 1인당 하루 고추 섭취량이 7.2그램으로, 세계 최고 수준이라고 합니다. 심지어 매운 고추를 고추장에 찍어 먹는 유일한 나라입니다. 명실상부한 매운맛 대국입니다. 이제 고추의 알싸한 매운맛은 세계인들이 자꾸 찾는 맛이 되어가고 있습니다.

3부
경제를 일으킨 음식

1. 흑인 노예들의 피눈물, 설탕 이야기

우울하거나 기분 전환하고 싶을 때 단것을 먹으면 심리적으로 안정되고 행복한 기분이 듭니다. 하지만 단맛을 내는 대표적인 재료인 설탕의 이면엔 흑인 노예들의 비극과 인류 경제사가 담겨 있습니다.

고대에는 주로 무엇으로 단맛을 냈을까요? 바로 '꿀'입니다. 설탕이 세상에 알려진 것은 기원전 327년 알렉산더 대왕 때였습니다. 알렉산더 대왕이 인도를 침략했을 당시 군사령관이었던 네아르쿠스 장군은 인도인들이 갈대와 같은 식물 줄기에서 단맛이 나는 즙을 짜내는 걸 보게 되었습니다. 그는 벌의 도움 없이도 식물의 줄기에서 꿀을 만들 수 있다는 사실에 놀랐습니다. 그는 사탕수수를 가리켜 '꿀벌 없이 꿀을 만드는 갈대'라고 했습니다.

기원전 320년에 인도를 다녀온 그리스인 메가스테네스는 설탕을 '돌꿀'이라고 소개했습니다. 돌이라고 표현한 것으로 보아, 그때 이미 사탕수수즙이 아닌 결정화된 상태의 설탕이 생산되고 있었음을 알 수 있습니다. 사탕수수

즙을 끓인 뒤 햇볕에 말려서 만든 이 덩어리는 비록 조야한 수준이지만 가공 과정을 거친 식품으로 인식되었습니다. 인도에서 설탕을 제조하는 과정에 대한 기록은 5세기의 힌두교 종교 문헌에서 발견할 수 있습니다. 수액을 끓이고 당밀을 만들고 설탕 덩어리를 굴린다는 표현들이 종교적 가르침을 설파하는 데에 비유되어 사용되었던 것입니다.

페르시아에서는 서기 500년경부터 사탕수수를 재배했습니다. 그때 이후 설탕이 세계적으로 전파된 데에는 이슬람교의 창시자인 마호메트의 공이 큽니다. 마호메트는 630년경에 이슬람교를 세계에 전파하기 위한 전쟁을 일으켰습니다. 정복지 페르시아에서 사탕수수를 발견한 마호메트 군대는 '페르시아 갈대'에 매료되어 정복지마다 사탕수수를 갖고 갔습니다. 710년에 정복된 이집트에도 군대와 함께 사탕수수가 들어갔습니다. 이집트인들은 발달한 농업 기술과 화학 지식을 동원해 사탕수수 재배 기술과 정제 등의 설탕 생산 과정들을 발전시켰습니다. 사탕수수는 이집트에서 계속 서쪽으로 이동해 북아프리카를 가로질러 모로코에 이르렀고, 755년 마침내 지중해를 넘어 스페인 남부까지 이동했습니다. 이렇게 해서 8세기경 이슬람이 이베리아 반도를 지배하면서 따뜻한 안달루시아 지방에서 서구 최초로 사탕수수가 경작되었습니다.

이후 11~13세기까지 벌어진 십자군 전쟁은 설탕 전파의 획기적인 계기가 되었습니다. 유럽인들은 아랍으로부터 설탕뿐 아니라 설탕 제조 기술까지 받아들여 시칠리아 등의 지중해 지역에서 사탕수수를 재배하기 시작했습니다. 아랍과 지중해에서는 사탕수수를 재배하는 일이 무척 까다로웠습니다. 수확하기까지 꼬박 1년에 이르는 긴 시간이 걸렸고, 그동안에 밭에 30여 차례 물을 공급하는 과정이 필요했습니다. 따라서 고도의 관개 기술과 조직적인 노동력이 필요했는데 아랍인들은 이러한 방면에서 아주 뛰어난 능력을 발휘했습니다.

이 시기에 유럽의 지중해 무역과 동방 무역을 장악하고 있던 베네치아 상인들은 설탕 무역에만 관여한 것이 아니라 정제 기술까지 가지고 있었습니다. 설탕 무역을 통해 쌓은 막대한 부는 나중에 르네상스의 발판이 되었습니다. 이어 사탕수수는 15세기 포르투갈과 스페인 대항해 이후에 아프리카와 중남미로 퍼져 나갔습니다.

신대륙에서 시작된 사탕수수의 대량 경작

설탕은 후추와 함께 중세 유럽의 중요한 동방 무역 품목이었습니다. 하지만 1453년 오스만 제국이 콘스탄티노플을 함락하면서 설탕 교역에도 큰 변화가 일어났습니다. 사탕수수 재배 지역인 이집트와 키프로스가 점령되면서 유럽으로 설탕 공급이 끊겨 버린 것입니다. 그 뒤 사탕수수는 신대륙에서 경작되어 유럽으로 수출되었습니다.

1612년 네덜란드 동인도회사는 맨해튼에 뉴암스테르담, 지금의 뉴욕을 건설하기 시작했습니다. 이들은 아메리카 항로를 전담하는 서인도회사를 설립하여 무역과 식민지 개척을 독점 수행했습니다. 해적질도 서슴지 않은 서인도회사는 브라질 북부, 베네수엘라 연안의 섬들, 기아나를 기지로 삼아 모피, 노예, 사탕수수를 집중적으로 거래했습니다.

당시 포르투갈에서 추방되어 네덜란드로 이주한 유대인들은 대규모로 브라질로 건너갔습니다. 이들은 1630년 헤시페 등 3개 도시를 거점으로 사탕수수를 본격적으로 재배했습니다. 하지만 그리 오래가지 못했습니다. 1645년 포르투갈이 다시 브라질 식민지의 주도권을 잡자, 네덜란드는 1654년 1월 헤시페를 포르투갈에 양도하게 된 것입니다.

그러자 그곳에 살던 유대인 1,500여 명은 포르투갈 사람들을 피해 카리브 연안으로 옮겨 갔습니다. 이때부터 서인도 제도에 유대인들의 사탕수수 농장이 대규모로 형성되었던 것입니다. 유대인들은 사탕수수 경작이 이윤이 많이 남는 장사라는 걸 알자, 아프리카로부터 흑인 노예들을 데려와 이 지역에 대규모 사탕수수 농장을 만들기 시작했습니다.

　노예, 담배, 설탕의 삼각 무역을 통해 유럽으로 실려 가는 설탕과 럼주의 원료인 당밀은 폭발적으로 증가하게 되었고, 마침내 유럽 전체가 이 설탕의 단맛에 빠지게 되었습니다.

설탕이 부른 전쟁

고가 상품인 설탕을 둘러싼 경쟁은 영국, 네덜란드, 프랑스 같은 강국 간의 전쟁이 발발되는 결과도 초래했습니다. 네덜란드와의 무역 경쟁에서 계속해서 밀린 영국은 자국의 상업과 해운업을 보호하고자 1651년 무역 규제에 관한 새로운 법을 만들어 공표하였습니다. 이 법은 영국이나 영국의 식민지로 수입되는 물품은 영국의 선박으로만 수송해야 한다는 불평등한 내용을 담고 있었습니다. 항해조례 때문에 네덜란드를 피해를 입을 수밖에 없었고, 결국 영국과 네덜란드는 전쟁을 벌였습니다.

　당시 설탕 무역은 유럽에 풍요로움을 가져다준 원천이었습니다. 사탕수수 경작지인 서인도 제도의 바베이도스 섬은 영국령이었지만, 교역은 네덜란드 서인도회사가 주도하고 있었습니다. 그 무렵 사탕수수 농장주 유대인들은 영국 왕에게 충성했지만, 1649년 영국 내전에서 왕이 지고 의회파 크롬웰이 이기면서 유대인에 대한 영국 왕의 보호는 더 이상 유효하지 않게 되었습니다.

　그 뒤 바베이도스 섬의 유대인들과 교역하던 네덜란드 상선 13척이 영국 함대에 나포되어 네덜란드는 설탕 무역에 치명타를 입게 되었습니다. 이를 발단으로 1652년 1차 영국-네덜란드 전쟁이 일어나게 됩니다. 이 전쟁에서 승리한 영국이 1655년부터 설탕 무역 종주권을 차지하게 되었습니다.

흰 화물과 검은 화물

이후 바베이도스 섬에 사탕수수즙을 구매해 주던 네덜란드 상선이 더 이상 들어오지 않자, 유대인들은 스스로 살아갈 방도를 찾아 직접 배를 사서 무역에 뛰어들었습니다. 사탕수수 농장주에서 해상 무역업자로 탈바꿈한 유대인들은 그 뒤 유럽-아프리카-미국 간의 삼각 무역을 주도하게 됩니다.

17세기 유럽에서 가장 중요한 산업은 바로 설탕 산업이었습니다. 정제 시설에는 자본이 많이 들지만 높은 수익을 보장하는 최초의 자본주의적 산업이었습니다. 영국이 항해조례를 발표한 뒤 영국과 네덜란드 사이에 1652년부터 1674년까지 세 번의 전쟁이 있었습니다. 결과는 네덜란드의 패배였습니다. 그 뒤 네덜란드는 해상 강국의 지위를 잃었습니다.

당시 유대인 무역상들은 영국 함대에 의해 네덜란드 해상이 봉쇄되자 네덜란드에서 영국으로 집단으로 이주하였습니다. 그리고 기존의 해외 거점을 활용해 무역 거래를 폭발적으로 늘려 나갔습니다. 기원전부터 중국과 교역을 했고, 10세기에는 이집트 알렉산드리아에서 대규모 해상 교역을 주도했던 유대 민족에게, 17세기에 대서양과 태평양을 개척하는 일은 그리 대단한 도전도 아니었습니다.

고대 솔로몬 왕의 시절 중계 무역은 유대인의 주특기였습니다. 솔로몬은 소아시아 지역의 말을 사다가 훈련시켜 이집트에 팔았고, 이집트의 물품과 전차를 사다가 물품은 인근 나라들에 팔고 전차는 훈련시킨 말과 함께 소아시아 지역에 팔았습니다. 이러한 중계 무역이 근대 들어 삼각무역으로 발전하였습니다.

삼각 무역을 통하면 한 차례 항해에서 여러 번 거래할 수 있었습니다. 유럽에서 아프리카로 공산품이, 아프리카에서 아메리카로 노예들이, 아메리카에서 유럽으로 설탕

상인들은 흑인 원주민을 잡아들여 노예로 만들었다

과 담배가 실려 갔습니다. 당시 설탕은 흰 화물, 노예는 검은 화물이라 불렀습니다.

이후 설탕 산업은 영국이 주도하게 되고, 네덜란드의 제당 산업은 내리막길로 접어들었습니다. 네덜란드에서 유대인들이 빠져나간 타격은 다른 산업까지도 영향을 끼치면서 네덜란드의 시대는 막을 내리고, 영국의 시대가 시작되었습니다. 이처럼 설탕은 세계 제국 흥망사에 큰 영향을 준 역사적 작물입니다.

노예 무역을 부른 악마의 창조물

사탕수수 농사에는 많은 일손이 필요했기 때문에 흑인 노예들이 대거 투입되었습니다. 사탕수수는 다년생 풀이라 새로 씨앗을 심지 않고 잘라 낸 줄기에서 새로운 줄기가 다시 자라는 식물입니다. 더구나 열대 지방은 1년 내내 사탕수수 재배가 가능했습니다. 하지만 지력을 심하게 소모하기 때문에 경작지를 계속해서 바꿔 주어야 합니다.

게다가 수확 후에는 단맛이 급격히 떨어지기 때문에 재빨리 즙을 짠 뒤 불에 졸여야 했습니다. 그러려면 큰솥에서 오랫동안 끓이기 위해 주변 지역에서 많은 양의 땔나무를 베어 와야 했습니다. 이렇게 사탕수수 재배에는 대규모의 노동력이 필요했습니다.

17세기 중엽에 아메리카 사탕수수 산업은 결정적인 전환점을 맞이하게 됩니다. 영국의 2차 항해조례로 설탕 등 중요 상품은 영국령끼리만 무역하도록 한 것이 결정타였습니다. 이후로 설탕 유통의 판도가 바뀌었습니다. 때맞추어 수요가 급증하면서 아프리카 노예 수입이 크게 확대되어 값싼 노동력을 바탕으로 하는 대형 농장이 완전히 자리 잡았습니다. 예컨대 바베이도스에서는 1660년대까지 유럽인 노동자가 다수였으나 이후 흑인 노예들이 더 많아

키가 4미터가 넘는 사탕수수들

졌습니다. 그 뒤 사탕수수 농지는 급속도로 확대되어 이웃 나라로 번져 갔습니다.

　18세기에는 바베이도스를 제치고 자메이카가 사탕수수의 최대 생산지로 부상했습니다. 사탕수수 대형 농장에서는 기술이 아닌 오로지 머릿수를 늘려 생산을 늘렸습니다. 이는 곧 노예 무역의 증가로 연결되었습니다. 그 무렵 자메이카는 노예 삼각 무역의 중심지였습니다. 노예들이 중노동을 견디기 위해서는 단백질과 소금이 필요한데, 소금에 절인 대구는 노예에게 값싸게 먹일 수 있는 양질의 영양 공급원이었습니다. 그들을 먹여 살리기 위해 뉴잉글랜드 지방의 절임대구 산업 역시 발달했습니다.

　당시의 자메이카 국세 조사에 따르면 680개 농장에서 10만 5,000명의 흑인노예와 6만 5,000마리의 말로 사탕수수를 재배했다는 기록이 있습니다. 설탕 외에도 면화, 담배, 커피 등 재배 품목이 늘어나면서 흑인 노예의 수요가 증가한 것입니다. 초기 노예 상인들은 노예들을 2~5파운드에 사들여 25~30파운드에 팔아 폭리를 취했는데, 이는 말 가격의 30분의 1에 불과한 가격이었습니다.

16세기에 본격화된 노예 무역은 300여 년간 유지되어 그간 아메리카로 실려 간 아프리카인은 1,500~2,000만 명으로 추산됩니다. 이들 대부분은 중남미와 서인도 제도 사탕수수 농장으로 팔려 갔고, 645만 명은 오늘날 미국 땅으로 끌려갔습니다. 사탕수수 농장의 노예들은 무덥고 비위생적인 환경 속에서 새벽 3시부터 하루 17시간씩 살인적인 강도의 노동에 시달렸습니다. 노예들의 피가 배어 있지 않은 설탕이 없어 설탕을 악마의 창조물이라고 부르기도 했습니다.

비틀즈의 도시 리버풀은 노예 무역으로 번성한 곳입니다. 노예 상인들은 여기서 직물이나 총기, 술, 유리구슬 등을 싣고 아프리카에 가서 이를 흑인 노예와 맞바꾸고, 노예들을 다시 신대륙에 팔아 그 돈으로 사탕수수, 담배, 면화, 커피 등을 사서 싣고 유럽으로 돌아오곤 했습니다.

이러한 흑인 노예들의 희생으로 설탕 생산이 늘어나자 설탕 가격은 급속히 떨어졌습니다. 그러자 유럽인들의 입맛은 달콤함에 길들여져 설탕 소비가 급증했습니다. 이렇게 설탕의 이면에는 수많은 이해관계와 경제권 싸움, 그리고 흑인 노예들의 눈물이 감춰져 있습니다.

중세 유럽에서 밀린 청어와 말린 대구는 음식이자 화폐와도 같았습니다. 생선의 크기와 모양을 똑같이 하여 말린 후 곡식, 옷, 도구 등 온갖 물건으로 교환했기 때문입니다. 이 가운데서도 네덜란드를 부강하게 만든 청어 이야기는 참 흥미롭습니다.

우리나라 최초의 어류에 관한 책인 『우해이어보』(1803)에서 김려는 청어 맛에 대해 이런 말을 남겼습니다.

"청어는 맛이 달고 연하며, 구워 먹으면 아주 맛있으니 정말로 진귀한 어종이다."

요즘은 꽁치를 말려 과메기로 만들지만, 우리가 원래 과메기로 만들어 먹었던 생선은 청어입니다. 청어는 기름지고 맛이 좋을 뿐더러 말리면 독특한 풍미가 살아납니다. 유럽에서도 청어는 인기가 매우 좋았습니다.

1425년 해류가 변하면서 청어는 네덜란드 앞바다 북해로 몰려들었습니다.

이에 네덜란드 사람들은 너도나도 청어잡이에 나서서 매년 여름 약 1만 톤의 청어를 잡았습니다. 네덜란드의 인구 약 100만 명 중 30만 명이나 청어잡이에 종사하고 있었다고 하니 청어는 그야말로 네덜란드 전 국민의 밥줄이나 다름없었던 것입니다.

그런데 네덜란드 사람들이 이처럼 청어잡이에 목을 맨 데는 나름의 이유가 있었습니다. 네덜란드 국토 대부분은 땅의 높이가 낮아 늪지에서는 목축업은 물론 농사도 어려워 먹을 것이 귀했습니다. 오죽하면 함께 모여 식사를 해도 자신이 먹은 분량을 스스로 책임져야 하는 '더치페이(Dutch pay)'가 발달한 나라로 유명해졌겠습니까?

너무 빨리 상하는 청어, 해결책은?

이렇게도 중요한 청어잡이에도 심각한 문제가 있었습니다. 청어가 죽자마자 부패하기 시작하는 것이 문제였습니다. 어부들은 생선이 변할까 봐 조업 중에도 급히 배를 돌려 돌아오곤 했습니다. 그러다 보니 배를 먼 곳까지 끌고 갔다 오면 청어잡이로 번 돈보다 기름 값이 더 많이 들었습니다.

이러한 어려움 속에서 1358년 빌럼 벤켈소어라는 한 어민이 작은 칼을 개발하여 그 문제를 해결하였습니다. 청어를 잡는 즉시 작은 칼로 한 번에 스윽 배를 갈라 내장을 꺼내고 머리를 없애 버리는 것입니다. 그다음엔 소금에 절여서 통에 담아 보관했습니다. 이와 같은 염장법을 개발해 낸 덕분에 더 이상 생선이 상할 것을 우려하여 어선을 급하게 회항시킬 필요가 없어졌습니다.

몇날며칠이고 고기를 잡으면서 배마다 청어를 가득 실어 올 수 있게 되었습니다. 상선에서 잡힌 청어는 육지에 돌아와 소금에 한 번 더 절여졌습니다 그 덕에 보관 기간을 1년 이상으로 늘릴 수 있었습니다. 작은 칼 한 자루 덕분에 생선을 오랜 기간 신선하게 보관할 수 있게 된 것입니다.

당시 식량이 부족하고 냉장고가 없어서 보관 기간을 획기적으로 연장시켜 준 절임청어는 전 유럽에서 높은 인기를 얻었습니다. 기독교의 오랜 전통 중에는 일정 기간 음식을 먹지 않으면서 죄를 뉘우치고, 자기의 욕심을 절제하는 관습이 있습니다. 그런데 당시에는 이 금식일이 1년에 140일에 달했습니다. 그래서 육류를 먹지 못하는 금식 기간 동안에는 고기 대신 생선이 불티나게 팔

네덜란드가 유럽 상권을 장악하는 데 결정적인 공헌을 한 빌렘 벤켈소어

렸습니다. 유럽 각지에서 몰려온 상인 수백 명이 매일 아침 소금에 절인 청어를 유럽 전역으로 가져가서 돈을 벌었습니다.

유대인, 소금 수입으로 절임청어 산업 장악

무엇보다 이 절임청어를 만드는 데 소금은 너무나 중요했습니다. 당시 소금은 대부분 독일이나 폴란드의 암염을 한자동맹(중세 독일 북부 연안과 발트 해 연안의 여러 도시 사이에서 상업적 목적으로 결성한 동맹) 무역망을 통하여 공급받았습니다.

　이와 같은 환경 가운데 스페인에서 추방당해 네덜란드로 건너간 유대인이 값싸고 품질 좋은 이베리아 반도의 천일염을 수입하면서 암염의 수요는 줄어

들기 시작했습니다. 이는 네덜란드를 소금 중개 무역의 중심지로 만들어 준 중요한 시초였습니다. 그리하여 유대인은 소금의 품질은 높이고 가격은 암염에 비해 낮추어 소금 유통의 산업을 지배했습니다.

　한편 절임청어는 네덜란드 해군과 상선에게도 필수품이었습니다. 유대인은 이들을 대상으로 절임청어를 공급하는 한편, 이를 경쟁력 있는 상품으로 만들어서 전 유럽에 판매했습니다.

네덜란드에서 절임청어를 먹는 방법

지금도 네덜란드에서는 절임청어, '더치 헤링'을 대중적으로 즐겨 먹습니다. 주로 꼬리를 잡고 통째로 먹기도 하고, 양파를 곁들여서 샌드위치로 만들어 먹기도 합니다. 비릿한 향과 양파가 조화를 이루는 절임청어는 은근히 입맛을 당기는 묘한 매력의 국민 음식으로 사랑받고 있습니다.

역사 속에 파묻힌 한자동맹

그 무렵 유대인과의 소금 유통 경쟁에서 밀린 한자동맹 도시들은 북해의 주도권을 잃고 역사 속으로 사라졌습니다. 그만큼 소금이 교역에서 차지하는 비중이 높았습니다. 채굴하기도 어렵고 운반노 힘든 임염 대신 유대인들은 양질의 바닷소금을 정제하여 대량으로 들여와 한자동맹과의 무역 전쟁에서 이긴 것입니다. 소금이 경제 권역 간의 주도권을 바꾼 것입니다.

당시 한자동맹이 망하게 된 또 다른 이유가 있었습니다. 그들은 유대 상인들이 발행하는 어음을 거부하고 현지 화폐로만 상품을 팔았습니다. 그리고 차액은 현찰로 달라고 요구했습니다. 그러니 당시 북부 이탈리아와 플랑드르 상권을 쥐고 있었던 유대 상인과는 관계를 맺을 수 없었습니다. 그러던 차에 소금을 독점적으로 공급하지 못하고 판매가 줄면서 돈줄이 꽉 막히자 급격히 쇠퇴한 것입니다. 유대인들은 청어를 절이고 남는 천일염과 정제 소금을 가까운 나라에 싼값에 되팔아 소금 유통을 완전히 장악했습니다. 유대인들은 유통시킬 국내 자원이 부족하자 경쟁력 있는 원자재나 상품의 부가가치를 높여 재수출하는 중계 무역을 키워 나갔습니다. 네덜란드의 척박한 환경을 오히려 전화위복의 계기로 삼았던 것입니다.

청어, 분업을 낳다

유대인은 청어를 처리하는 데도 일대의 혁신을 이루었습니다. 바로 분업화를 도입한 것입니다. 고기 잡는 사람, 내장 발라내는 사람, 소금에 절여서 통에 넣는 사람 등으로 나누어서 작업을 진행했습니다.

능숙한 사람은 1시간에 약 2,000마리의 청어 내장을 발라낼 수 있었기 때문에 절임청어의 생산량은 획기적으로 증가했습니다. 그렇게 절임청어는 포획부터 처리, 가공, 수출까지 일괄 공정으로 기업화되면서 본격적인 산업으로 자리 잡게 되었습니다.

청어 산업으로 경쟁력을 확보한 네덜란드

이후 유대인은 네덜란드에서 오늘날 수협과도 같은 '어업위원회'를 만들었습니다. 의회로부터 법적인 권리를 부여받아서 청어 산업을 체계적으로 관리하고 감독하는 것입니다. 어업위원회는 품질관리를 위하여 저장용 통의 재질과 소금의 종류, 그물코의 크기를 정했고, 가공품의 중량과 포장 규격 등 엄격한 기준을 만들어 품질 유지에 힘썼습니다. 이러한 과정을 통해서 네덜란드 청어 산업은 고부가가치 산업으로 발전하면서 유럽에서 독보적인 경쟁력을 확보할 수 있었습니다.

게다가 1596년 네덜란드 항해사 빌럼 바런츠가 북극해의 스발바르 제도를

고래잡이배

발견했습니다. 당시 대포를 이용한 고래잡이 기술을 발명한 네덜란드인들이 그곳을 장악했습니다. 이로써 네덜란드는 고래잡이 분야에서도 독점적 지위를 차지하게 되어 대량의 고래기름과 고래수염을 얻을 수 있었습니다. 이후 고래기름은 오랫동안 가로등에 사용되어 밤거리를 밝혔습니다. 게다가 고래고기는 생선으로 분류되어 육식이 금지된 금식일에도 먹을 수 있었기 때문에 오랜 기간 서양인의 사랑을 받았습니다. 그 뒤 네덜란드와 영국의 고래잡이 배들은 1610~1840년 북극해 일대의 고래 무리를 거의 멸종 단계로 몰아넣었습니다.

1620년에 이르러 네덜란드 선박 수는 2,000척이 넘었는데 대부분이 70톤에서 100톤에 이르는 청어잡이 어선이었습니다. 1669년에는 청어잡이와 가공 처리, 통·망 제작, 어선 선조 등 청어 관련 산업에 종사하는 사람의 수가 약 45만 명에 달했습니다. 당시 네덜란드 노동 인구의 태반이 청어와 관련된 산업에 종사하고 있는 셈이었습니다. 이 정도라면 네덜란드 경제를 일으킨 것이 청어라고 해도 과언이 아닙니다.

조선업의 발전이 네덜란드의 중상주의를 활짝 꽃 피워

네덜란드 산업은 이처럼 수산업에서 시작하여 배를 만드는 조선업의 발전으로 이어졌습니다. 16세기 중반부터 네덜란드 선박은 경량화와 표준화에 승부를 걸었습니다. 그래야 배가 가벼워 빨리 달릴 수 있고, 배를 쉽게 만들 수 있기 때문입니다. 이를 기초로 물건을 최대한 많이 실을 수 있도록 배의 크기를 키웠습니다. 경쟁국인 영국에서는 사람을 많이 태울 목적으로 튼튼하게 건조하는 데 중점을 두었다면, 네덜란드에서는 최소의 선원으로 최대의 이익을 얻는 데 초점을 맞추었습니다.

네덜란드에서는 가볍고 표준화된 '보급품 수송함'의 대량 건조 기술이 1570년에 개발되었습니다. 경제사에 한 획을 그을 만한 대단한 기술이었습니다. 가장 큰 특징은 이전에 만들어진 배에 비해 5분의 1 정도의 인원만으로 배를 끌 수 있었다는 점입니다. 게다가 표준화로 배를 만드는 데 드는 비용이 영국의 60%에 지나지 않았습니다. 이는 곧 화물 유통 경쟁력의 차이로 이어졌습니다. 이로써 네덜란드 조선업은 당대의 최고 산업이 되었습니다.

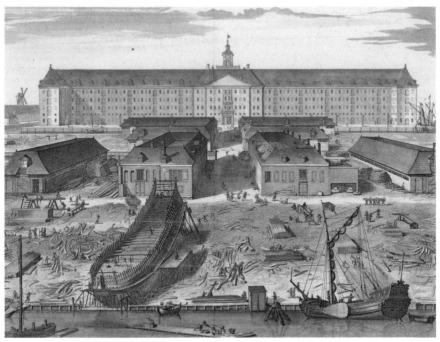

17세기 네덜란드 암스테르담 동인도회사의 조선소 풍경

    영국도 이에 지지 않으려 노력했지만 네덜란드인의 과감한 모험 정신 앞에는 어쩔 수가 없었습니다. 그 무렵 다른 나라의 바다를 지나려면 통행세를 물어야 했습니다. 통행세는 갑판의 너비가 넓을수록 많이 부과되었습니다. 당시는 해적들의 출몰이 빈번하여 대부분의 배에는 양옆으로 많은 수의 대포를 장착하고 다녔습니다. 그러기 위해서는 단단하고 굵은 목재를 써서 갑판을 키울 수밖에 없었습니다.

    그러나 네덜란드인들은 말 그대로 죽기 아니면 살기 식으로 대포를 장착하지 않거나 12~15문 정도의 대포만 설치하여 무장을 최소화했습니다. 대신 상대적으로 값싼 나무로 화물칸을 크게 만들고 갑판은 좁게 만들어, 제작 경비와 함께 통행세도 절감하는 방안을 채택했습니다. 그래서 네덜란드 선박은 양옆은 통통하고 둥글지만, 갑판은 매우 좁았습니다. 대포를 장착하지 않은 배는 가벼워 해적선으로부터 빨리 도망칠 수 있는 이점도 있었습니다. 이로써 네덜란드인은 '바다의 마부'라는 별명을 얻게 되었습니다. 이러한 배를 '플류트선'이라 부릅니다. 오늘날의 화물 운반선인 셈입니다. 이 배는 갑판이 좁고 긴 대신 짐칸이 넓어서 많은 화물을 실을 수 있었습니다. 그리고 돛이 매우 효율적으로 배치되어 있고 선박이 가벼워 속도도 빨랐습니다. 플류트선은 초

플류트선

기 갤리언과 유사해 그리 크지 않았습니다. 보통 플류트선 한 척에 실을 수 있는 짐의 양은 약 250~500톤이었습니다. 게다가 배불뚝이 저중심 설계라 출발 및 정지가 쉽고 폭풍우 같은 악천후에도 잘 견뎠습니다. 게다가 선박 건조비도 저렴했습니다. 영국에서 제작할 경우 1,300파운드에 이르는 경비가 네덜란드에서는 800파운드로 족했습니다.

이런 이점 이외에도 발트 해에서 다른 나라 선박이 한 번 왕복할 동안, 플류트선은 두 번 왕복할 수 있었습니다. 승선 인원이 보통 9~10명으로 영국의 동급 선박의 30명에 비해 저렴하게 운행할 수 있었습니다. 네덜란드인은 이렇게 복숨을 남보로 화물 운송비를 30%에서 50%까지 낮추었습니다. 이로써 네덜란드가 세계 해운업계를 평정했습니다.

네덜란드는 16세기 중엽에 이미 북방 무역의 70%를 장악했습니다. 보유하는 상선 수도 나머지 전 유럽의 상선수보다도 많은 1,800척이나 되었습니다.

그 뒤 해운업과 물류 산업의 발달은 무역업과 금융업의 발전을 낳게 됩니다. 네덜란드 동인도회사와 증권거래소, 근대적 의미의 중앙은행 등이 차례로 세워지면서 네덜란드는 세계 무역과 자본주의의 중심국으로 우뚝 서게 됩니다. 결과적으로 청어가 네덜란드 경제와 해운의 발전에 지대한 공헌을 하여 근대 중상주의를 활짝 연 것입니다.

사람들은 피로감을 없애거나 졸음을 쫓기 위해 하루에 한 잔 이상 커피를 마십니다. 커피는 이제 한 사람이 1년에 거의 500잔 가까이 마시는 현대인의 필수 음료입니다.

경제사에서 소금, 후추, 설탕 등이 끼친 영향은 역사를 바꿀 정도로 대단했습니다. 이들 상품들 대부분이 유대인에 의해 유통되었다는 공통점을 갖고 있습니다. 커피 또한 예외가 아닙니다. 근세 초기의 커피는 유대인에 의해 최초로 대량 재배되어 유통되었습니다. 지금도 커피 유통의 중심에는 그들이 있습니다.

오늘날 세계 무역에서 커피는 석유 다음으로 물동량이 많습니다. 현재 커피의 연간 거래량은 750만 톤이고 하루 소비량은 27억 잔에 이르는 것으로 추정됩니다.

하지만 유럽에 처음 커피가 소개되었을 때에는 커피 값이 너무 비싸 일반인들은 접할 수 없었습니다. 프랑스의 루이 14세는 딸의 커피 값으로 요즘 돈으로 한 해 1만 5천 달러를 치렀을 정도였습니다.

역사가들은 525년 에티오피아가 예멘 지방을 침략한 시기에 아프리카가 원산지인 커피가 아라비아로 건너갔다고 보고 있습니다. 커피라는 이름 자체가 에티오피아 커피 산지인 카파라는 지역 이름에서 유래된 것이라고 합니다. 이슬람교의 창시자인 마호메트가 졸음의 고통을 이기려 애쓸 때 가브리엘 대천사가 나타나 어느 음료를 주고 갔는데, 그것이 바로 커피였다는 이야기도 전해집니다.

이슬람교에서 커피는 잠 깨는 약

9세기에 이슬람 율법학자들이 커피를 먹었다는 기록이 최초로 등장합니다. 당시에는 커피를 지금처럼 음료로 마셨던 게 아니라, 이슬람교도들이 밤 기도 시간에 졸음을 쫓기 위한 약으로 복용했었습니다. 그들은 잠을 쫓기 위해 커피 열매를 씹어 먹었습니다. 이렇게 커피가 잠을 쫓는 귀한 약이 되자 이슬람권에서는 그 씨앗이 외부로 유출되는 것을 엄격히 통제했습니다. 유럽으로 수출할 때도 커피콩 종자에서 싹이 자라나지 못하도록 씨앗을 끓이거나 볶아서 수출했습니다. 그런데 이것이 오히려 커피를 맛있게 만드는 가공법의 발달로 이어지는 계기가 되었습니다. 그 뒤 커피 열매를 씹어 먹지 않고 씨앗을 볶아서 갈아 마시는 방법이 고안되었던 것입니다.

잘 익은 커피 열매를 수확한 뒤 과육을 제거하고 건조하면 푸른빛의 생두가 나온다. 생두에 열을 가하여 볶으면 특유의 향과 맛을 내는 진한 갈색의 커피 원두가 된다

이슬람교와 기독교를 대표하는 커피와 와인

커피와 와인은 인류의 역사를 이끈 쌍두마차입니다. 기독교 문화가 뿌리를 내린 곳이라면 어디서나 포도 농장을 볼 수 있었던 반면, 이슬람 문화가 지배적이었던 곳에는 어디서나 커피 향이 가득했습니다. 기독교에서는 와인을 하느님이 인간에게 내린 가장 멋진 선물로 여깁니다. 심지어 와인은 예수의 피를 상징하기도 합니다.

반면 이슬람에서는 인간을 인사불성으로 만드는 와인을 혐오했습니다. 이성과 절제를 추구하는 이슬람들은 정신을 맑게 해 주는 커피를 애호했습니다.

커피는 이슬람들에게 종교나 다름없었습니다. 이는 가브리엘 대천사가 마호메트에게 전해 준 음료였기 때문입니다. 이슬람 사원에서만 마시던 커피는 11세기가 되자 일반 대중에게까지 널리 퍼졌습니다. 이렇게 커피가 음료로 발전한 곳이 아라비아 지역입니다.

모카에서 시작된 커피 독점

이후 커피는 15세기 중반 콘스탄티노플에 소개되었고, 세계 최초의 커피하우스가 문을 열었습니다. 그 무렵 서구의 커피의 독점 수입을 주도한 것도 유대인들이었습니다. 바로 베네치아의 유대 상인들이 그들입니다. 당시 유대인만이 유일하게 이슬람 사회와 기독교 사회를 왕래하며 무역을 할 수 있었기 때문입니다. 이렇게 베네치아 상인들이 커피를 베네치아에 반입했습니

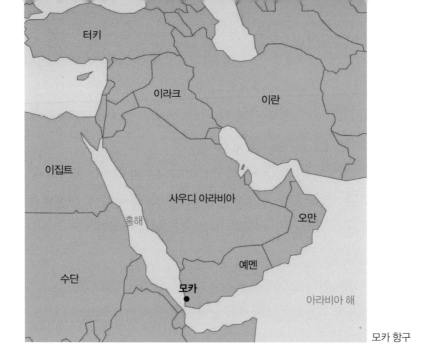

모카 항구

다. 이 커피의 매력에 이탈리아 사람들은 곧 빠져들었습니다.

당시 가톨릭 사제들은 커피를 악마의 음료라고 여겨 교황 클레멘스 8세에게 커피 음용 금지를 탄원했는데 뜻밖의 결과가 발생했습니다. 커피를 직접 맛본 교황이 그 맛에 반해 오히려 이를 적극 받아들이면서, 커피가 단숨에 유럽을 정복하게 된 것입니다.

이처럼 커피의 수요가 급증하자, 예멘에 사는 상인들은 커피 독점 공급을 완벽하게 관리하기 위해 수출용 커피를 한 항구에서만 선적하도록 했습니다. 그곳이 바로 아라비아 반도 남단의 모카 항구입니다.

이곳을 통해 유대인들은 커피의 반출을 엄격하게 통제했고, 심지어 에티오피아 커피를 모카로 가져와 수출했습니다. 모카에는 3만 명가량의 유대인들이 공동체를 이루며 17세기 말까지 300년간이나 커피 무역을 독점했습니다. 이렇게 커피가 모카 항구만을 통해 유럽 각지로 수출되면서 자연스럽게 유럽 사람들은 커피를 '모카 커피'라 부르게 된 것입니다.

아랍은 독점을 유지하기 위해 황금알을 낳는 커피나무의 반출을 철저히 막았습니다. 17세기 유럽에서 커피는 비싼 가격 탓에 아무나 마실 수 없었음에도 품귀 현상이 일어날 정도로 인기 상품이 되었습니다.

커피의 세계화

근대에 이르러 커피를 유럽에 대량으로 수입하여 전파한 사람들 역시 네덜란드 동인도회사의 유대인들이었습니다. 이 이야기는 '인도판 문익점'에서 비롯됩니다. 인도의 이슬람교 수도사 바바부단은 1600년 메카로 성지순례를 갔다가 이집트에 들러 커피 농장에서 종자 몇 개를 숨겨서 인도로 돌아옵니다. 그 씨앗들이 발아하여 커피 재배에 성공했습니다.

이를 안 동인도회사는 인도에 첩자를 보내 커피 원두와 묘목을 몰래 빼돌린 뒤 네덜란드 식물원에서 이 커피 묘목을 재배했습니다.

거기서 그친 게 아니라 동인도회사는 커피 묘목을 실론(스리랑카)으로 가져가 대규모 농장 재배를 시도했습니다. 하지만 해충 피해가 워낙 커 결국 실패했습니다. 그러나 유대인들은 포기하지 않고 1696년 커피 종자를 인도네시아 자바 지역으로 가져가 대규모 커피 농장을 일구는 데 성공합니다. 그 뒤 70년 동안 네덜란드의 동인도회사는 인도네시아에서 커피를 대규모로 재배했습니다. 1740년에는 자바에서 필리핀 지역으로까지 커피가 전파되어 재배되었습니다. 이렇게 커피의 최초 대량 재배는 아시아에서 시작되었습니다. 이로써 유대인들은 그 뒤 커피 재배와 커피 교역을 모두 주도하게 되었고, 커피 또한 네덜란드의 가장 인기 있는 음료가 되었습니다.

1800년대 들어 동인도회사는 인도네시아 농민들에게 강제로 염색 원료인 쪽과 커피, 설탕을 경작하게 했습니다. 그리고 이를 거둬들여 유럽 시장에 팔았습니다. 그 수익은 1850년대 네덜란드 재정 수입의 30% 이상을 차지할 정도로 커졌습니다. 이를 갖고 네덜란드 정부는 부채를 갚고 운하와 도로를 건설하는 데 썼습니다. 반면 커피의 특성상, 커피를 재배한 땅은 7~8년이 지나면 죽은 땅이 됩니다. 그만큼 커피나무는 땅의 영양분을 빨아먹고 크는 작물입니다. 원주민들은 식량 재배를 뒤로 한 채 돈이 되는 커피 재배에만 힘을 쏟다 결국 기아에 허덕이게 됩니다.

아시아에서 라틴 아메리카로 전파된 커피

네덜란드는 아메리카 식민지에도 커피를 전파했습니다. 1715년 암스테르담 식물원의 커피 묘목을 남아메리카의 가이아나에 옮겨 심은 이후 커피는 수리남과 카리브 해의 식민지로 옮겨져 재배됩니다. 수리남에서 자라던 커피는 브라질로 들어갔고, 좋은 재배 환경 덕분에 주변 남미 국가로 전파되었습니다.

한편 브라질에 커피가 전해진 과정에는 특별한 사연이 있습니다. 프랑스령 가이아나의 총독 부인이 화려한 꽃다발 속에 커피 묘목을 숨겨 잘생긴 스페인

지휘관에게 선물함으로써 커피가 콜롬비아에서 뿌리를 내리게 되었다는 이야기입니다. 그리고 이것이 브라질로 퍼져 나갔습니다. 콜롬비아와 브라질로 보내진 커피는 최상의 재배 조건에서 잘 자라나게 되었고, 현재 두 나라는 세계 최대의 커피 생산국이 되었습니다.

차에 대한 반발심으로 마신 아메리카노

카페에서 제일 무난하게 마실 수 있는 것은 단연 아메리카노입니다. 아메리카노는 1773년 발생한 '보스턴 차 사건'과 관련이 있습니다. 미국이 영국의 식민지 시절이었던 당시 미국인들은 차를 즐겨 마셨는데, 영국이 수입 차에 상당한 세금을 부과했습니다. 이에 반발한 미국인들은 수입 차 불매 운동을 하며, 대체 음료로 커피를 선택하게 됩니다.

하지만 이들은 홍차를 마시던 버릇 때문에 커피도 홍차와 비슷하게 만들어 마셨습니다. 진한 에스프레소에 물을 타서 묽게 만들면 색깔도 홍차와 비슷해지고 맛도 차와 가까워집니다. 그렇게 해서 미국에서는 차 대신 연한 커피, 곧 아메리카노가 유행하게 되었습니다. 커피는 각성 작용이 강해 사람을 일시적으로 활력 있게 만듭니다. 특히 업무 성과 향상에도 도움을 주는 특성 덕분에 이후 미국에 어울리는 문화로 정착했습니다.

중국이 독점했던 차 재배

차는 원래 중국 쓰촨 성의 산악 지대에서만 자라는 나무였습니다. 이 차를

1560년 포르투갈의 예수회 수도사가 유럽에 전한 뒤 1610년 네덜란드 동인 도회사가 본격적으로 유럽에 수입했습니다.

차는 보통 홍차, 우롱차, 녹차 세 종류로 나눕니다. 찻잎을 딴 뒤 온도, 습도, 시간을 잘 맞추면 잎에 있는 효소에 의해 발효되어 잎이 검게 변합니다. 이를 홍차라 합니다. 찻잎을 반쯤 발효시킨 게 우롱차입니다. 따자마자 불에 볶아 효소를 없애면 장기간 녹색을 유지하는 데 이것이 녹차입니다.

당시 차를 수출했던 중국 항구의 이름이 테이(Tei)였습니다. 여기서 티(Tea) 라는 명칭이 유래되었습니다. 중국은 차 재배를 독점하고 있었기 때문에 차나무 묘목 반출을 엄히 금했습니다.

그 무렵 영국인들이 차를 즐겨 마시게 되면서 영국의 차 수입량이 부쩍 늘었습니다. 중국과의 아편전쟁도 찻값을 지불할 방편이 마땅치 않았던 영국이 아편을 재배해 팔기 시작한 데서 비롯되었습니다. 이를 보면 이 시기 차의 중요성이 그만큼 컸음을 알 수 있습니다.

네덜란드, 차 재배에 성공

중국은 이러한 차의 수출 산업을 빼앗기지 않기 위해 차나무 종자의 유출을 막고, 재배 기술과 차를 발효시키는 방법까지 모두 비밀에 부쳤습니다. 이 때문에 유럽인들은 처음에는 차나무가 중국에서만 자라는 줄 알았습니다.

그러던 것이 네덜란드 유대인 야곱센이 목숨을 걸고 차 묘목을 마카오를 통해 몰래 빼냈습니다. 하지만 번번이 재배에 실패했습니다. 그는 33년간 다섯

인도네시아의 차 농장

차례에 걸쳐 묘목을 반출해 재배를 시도했습니다. 그러다 마침내 1828년에 인도네시아 자바 섬에서 경작에 성공했습니다.

스리랑카 차 재배로 중국차 망하다

한편 유대인들은 1670년 병충해로 몰살당한 스리랑카의 커피 농장에 다시 커피나무를 심어 재배를 시도했지만 1869년에 또다시 병충해로 커피나무가 전멸해 버리고 말았습니다. 이때 그곳 커피 농장주의 한 사람이었던 제임스 테일러에 의해 커피를 대신할 작물로 등장한 것이 차나무였습니다.

그 뒤 스리랑카에서 저렴하고 품질 좋은 차가 대량 생산되었습니다. 그러자 이로 인해 당시 중국의 녹차 산업은 망했습니다. 지금도 스리랑카에서는 맛과 향이 뛰어난 홍차들이 많이 생산되고 있습니다.

사향고양이(좌)와 커피 열매를 먹고 나온 배설물(우)

세계에서 가장 비싼 인도네시아 루왁 커피

세계에서 가장 비싼 커피는 야생 사향고양이의 배설물에서 걸러 낸 커피입니다. 인도네시아의 '루왁' 커피가 그것입니다. 인도네시아와 베트남에 살고 있는 긴꼬리 사향고양이인 루왁은 커피 열매를 먹은 뒤 과육만 소화시키고 씨앗을 배설합니다. 이 씨앗을 어렵게 모아 깨끗이 닦아낸 뒤 햇볕에 말려 만든 것이 루왁 커피입니다. 이 커피는 독특한 향기와 깊고 부드러운 맛으로 유명합니다. 하지만 채취할 수 있는 양이 매우 적은 편으로 1년에 500~800킬로그램의 원두만 생산되어 1킬로그램당 1,000달러 이상을 호가합니다. 일반 커피숍에서는 한 잔당 5~10만 원을 받는다고 합니다.

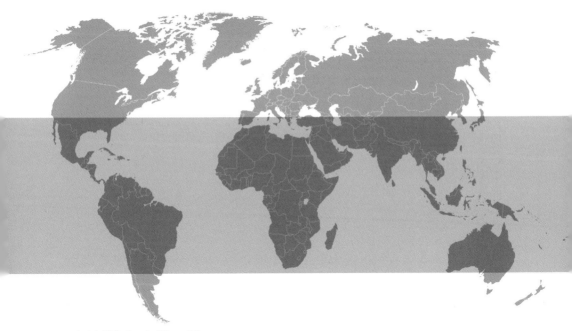

커피가 생산되는 커피 벨트 지역

커피 생산 지역, 지구의 허리띠

커피는 국제적인 교역을 활성화시켰습니다. 이른바 '커피 벨트'를 형성하는 커피 산출국이 주로 적도 부근에 집중되어 있는 반면, 커피 소비국은 대부분 북반구에 위치한 나라들이었기 때문입니다. 서로 멀리 떨어진 커피 생산지와 소비지를 이어 주기 위해 커피를 실은 네덜란드의 배들이 세계의 바다를 오 갔습니다. 유대인들은 커피의 공급부터 중간 유통과 판매에 이르기까지 독과 점 체제를 구축하여 엄청난 이윤을 챙겼습니다. 시장이 오픈된 지금도 이러 한 현상은 쉽게 개선되지 못하고 지속되고 있습니다.

　커피 생산 지역을 '지구의 허리띠'라고 부르는 이유는 적도를 중심으로 북회귀선과 남회귀선 사이의 열대 지방에서 주로 재배되기 때문입니다. 이 지역은 지구를 띠 모양으로 둘러싸고 있어 '커피 벨트' 혹은 '커피 존(Coffee Zone)'이라고 부릅니다. 이렇듯 커피나무는 서리나 냉해가 없는 기후에서 잘 자랍니다.

커피의 품종

커피의 품종은 크게 아라비카와 로부스타로 나눕니다. 두 품종이 전체 생산량의 98%를 차지합니다. 아라비카종이 약 70%, 로부스타종이 28%이고 나머지 2%는 리베리카입니다.

아라비카 원두는 로부스타에 비해 단맛, 신맛, 감칠맛, 향이 뛰어나기 때문에 가격이 더 비쌉니다. 아라비카 원두는 부드럽고, 향기가 좋고 쓴맛과 자극성이 적으며 카페인 함량이 로부스타보다 적습니다. 리베리카종은 아라비카종보다 향미가 떨어지고 쓴맛이 지나치게 강합니다. 그렇다 보니 아라비카는 원두커피의 주원료로, 로부스타는 대개 인스턴트커피 원료로 쓰입니다.

로부스타는 온도 변화와 병충해에 강해 씨만 뿌려 놓아도 잘 자라 생산 비용이 적게 듭니다. 이에 비해 아라비카는 냉해나 병충해에 약해 상대적으로 생산 비용이 높게 듭니다. 아라비카는 해발 600미터 이상의 높은 곳에서 자라기 때문에 주로 중남미에서, 로부스타는 해수면과 비슷한 평지에서 잘 자라기 때문에 베트남 등에서 많이 재배됩니다. 브라질은 아라비카와 로부스타 모두를 재배하고 있어 전 세계 커피의 3분의 1을 생산하고 있습니다. 따라서 브라질 커피의 작황 여하에 따라 국제 시세가 좌우됩니다.

'착한 가격'이 거론되는 커피

선진국에서 팔리는 커피의 소비자 가격은 생산지 가격의 200배에 가깝다고 합니다. 스타벅스 등 고급 커피 체인점들이 생긴 뒤로 가격 차이가 더 벌어졌습니다. 스타벅스는 에티오피아에서 300원에 구입한 원두 1킬로그램으로 소비자들에게 25만 원 이상을 벌어들이고 있습니다. 최근에는 이런 불공정한 구조에 반대하여 일부 단체에서는 가난한 커피 농가의 커피를 공정한 가격에 구입하여 팔기 시작했습니다. 이것이 바로 공정무역 커피입니다.

커피의 대중화, 인스턴트커피

커피의 제조 공정은 복잡하기도 하고, 관리가 필요하기 때문에 대중화에 큰 걸림돌로 작용했습니다. 하지만 물만 부으면 간편히 만들어 마실 수 있는 인스턴트커피 덕분에 커피가 널리 퍼질 수 있었습니다.

인스턴트커피가 상품으로 대중화된 것은 그리 오래전 일은 아닙니다. 1920년대 말 브라질에서는 커피콩 작황이 풍년이었습니다. 그 결과 수요보다 공급이 훨씬 많아져 커피콩 시세가 폭락해 브라질 경제가 위기에 직면하게 되었습니다. 이에 브라질 정부는 식품회사 네슬레에 남아도는 커피콩으로 가공식품을 만들어 달라는 요청을 하게 됩니다. 그래서 1938년 '네스카페'라는 인스턴트커피가 탄생하였고, 제2차 세계대전에 미국이 참전하면서 인스

18세기 초반에 그려진 그림으로 오스만 제국의 여성이 커피를 즐기고 있다

턴트커피는 전 세계적으로 널리 퍼지게 되었습니다.

충분한 수면을 취하지 못하고 싸워야 하는 군인에게 인스턴트커피는 큰 힘이 되었습니다. 우리나라에 커피가 도입된 것도 6·25 전쟁 때라고 합니다. 미군 전투식량에 포함된 인스턴트커피가 전해진 것입니다. 이것은 지금 우리가 즐겨 마시는 믹스 커피의 기원이기도 합니다.

이처럼 커피는 우리 생활에서 빠질 수 없는 식품으로, 인류의 식음료 문화를 바꿔 놓고, 많은 사람들의 잠을 쫓는 기호 식품이 되었습니다.

4부
생명을 지켜 준 음식

1. 인류를 기아에서 구한 감자 이야기

감자는 전 세계 어디서나 빠지지 않는 식재료입니다. 이렇게 모든 사람들이 즐겨 먹는 음식으로 자리 잡기까지 감자는 여러 곡절과 시련을 겪었습니다. 처음에는 악마의 열매로 배척받았다가 인류를 기아에서 구해 낸 주인공이 되었습니다.

    콜럼버스의 아메리카 대륙 발견은 많은 것들을 남겼습니다. 감자는 안데스 산지에서 처음으로 발견되었습니다. 당시 스페인 사람들은 잉카 원주민들이 먹던 감자에 큰 관심이 없었습니다. 감자가 스페인으로 전해진 것은 한참이 지난 1570년경입니다. 스페인 정복자들이 아메리카에서 유럽으로 돌아갈 때 식량으로 감자를 싣기 시작하면서부터입니다. 스페인 사람들이 처음에 거들떠보지도 않았던 감

감자를 심고 수확하는 잉카인

자를 가져간 이유는 감자가 오랜 항해에도 상하지 않는 작물이었기 때문입니다.

하지만 스페인에 들여온 감자가 유럽 전역으로 전해지기까진 꽤 오랜 시간이 걸렸습니다. 유럽인들은 미개한 남미 원주민들이 주식으로 먹던 감자를 쉽게 받아들일 수가 없었기 때문입니다. 아마도 감자는 문명의 혜택을 못 누린 사람들이나 먹는 천한 음식이라는 편견도 큰 영향을 미쳤을 겁니다. 특히 감자의 울퉁불퉁한 모습과 작은 점들은 천연두를 연상시켰고, 어둠이 지배하는 땅속에서 열매가 자라기 때문에 '악마의 열매'라며 멀리했습니다. 그래서 초기엔 주로 가축 사료로 사용했습니다. 감자를 금기시한 경향은 빈곤에 시달리던 하층민 사이에서 더 심했습니다. 또 감자가 나병을 일으키는 원인이라는 소문이 영국에서 돌기 시작해 감자는 서민들과 더욱 멀어져 갔습니다.

인류를 기아에서 구한 감자

그러나 거듭되는 흉년으로 굶주리던 17세기 초반, 아일랜드인에게 감자는 구세주로 등장합니다. 또 독일에서는 30년 전쟁이 한창인 17세기에, 프랑스와 영국에서는 7년 전쟁 중인 18세기 중반에 감자가 주요 식량으로 자리 잡기 시작합니다. 감자를 보급하는 데 앞장 선 사람이 있습니다. 18세기 말 프로이센의 프리드리히 왕은 감자를 경작해 식량난을 해소하려고 했습니다. 고집센 농부들의 저항에 부딪혀 별 성과가 없자 마을 어귀의 감자밭에 근위병을 세워 철통 수비 하도록 합니다. 당시 농부들은 감자를 보는 족족 불더미에 던져 버렸는데, 감자밭을 둘러싼 근위병들의 존재는 감자를 보호하는 동시에 농부들의 호기심을 자극했습니다. 도대체 얼마나 중요한 것이기에 저렇게 보초까지 설까 싶어 궁금증이 극에 달한 농부들은 감자 서리를 하기 시작했습니다. 얼마 지나지 않아 그 고소한 맛에 익숙해진 농부들이 점차 감자를 많이 심기 시작했고, 오늘날 독일은 '감사의 나라'가 되었습니다. 18·19세기에 감자는 배고픈 사람들에게 꼭 필요한 양식으로 자리 잡으며, 산업 혁명에 필요한 값싼 노동력을 제공한 일등 공신이 되었습니다.

사람을 살리기도, 죽이기도 한 감자

감자를 가장 먼저 재배한 곳은 아일랜드였습니다. 감자 재배에 최적의 기후와 토양을 갖췄을 뿐 아니라, 영국의 지배로 빈곤했던 아일랜드 사람들에게는 기르기 쉽고 생산량도 많은 감자가 신의 축복이었던 것입니다. 특히, 간편한 조리법 덕분에 가난한 농부들에게도 인기가 많았습니다. 이처럼 감자는 아일랜드 사람들을 빈곤에서 벗어날 수 있게 해 주었지만, 약 100만 명 이상의 사람들을 굶어 죽게 한 원인이 되기도 했습니다. 1845년부터 1850년까지 있었던 아일랜드의 감자 역병으로 인한 대기근 때문입니다. 당시 감자에만 의

빈센트 반 고흐, 〈감자를 먹는 사람들〉, 1885. 당시 감자는 가난의 상징이었다

지해 오던 아일랜드 사람들에겐 엄청난 타격이었습니다. 감자가 역병으로 모두 썩어 가면서 사람들도 점차 기근으로 죽기 시작했습니다. 이에 아일랜드 인구는 800만 명에서 대기근 이후 650만 명으로 줄어들었고, 기근을 피해 북아메리카로 이주한 사람들도 100만 명 이상이나 되었습니다.

전쟁을 통해 성장한 감자

유럽에서 감자의 진정한 가치를 알리고, 전 세계에 전파되도록 한 동력은 바로 전쟁이었습니다. 유럽 역사는 전쟁의 역사라 할 만큼 수백 년간 전쟁이 끊이지 않았습니다. 거듭되는 전쟁은 유럽 지역의 식량 부족을 더욱 부채질하였는데, 이때 식량 문제를 해결해 준 것이 바로 감자였습니다.

특히, 1778년 오스트리아와 프로이센의 전쟁은 감자 전쟁으로 유명합니다. 두 나라는 전쟁에서 적국의 주식인 감자를 차단하여 병사들을 굶주리게 하는 것을 주요 전략으로 삼았습니다. 또한, 영국과 프랑스 주축의 나폴레옹 전쟁(1797~1815)에서도 식량이 절대적으로 부족해지자 감자는 그 빛을 발합니다. 영국인들은 감자를 좋아하지 않았지만, 이 전쟁을 겪은 후 값싸고 영양가 높은 감자를 주식으로 받아들였습니다. 세계대전에서도 미국은 독일 병사들의 식량 자원인 감자밭을 습격해 초토화시키는 작전으로 전쟁을 빨리 종식시켰습니다. 독일은 결국, 주식인 감자 때문에 전쟁에서 패망한 것입니다.

감자가 아시아 사람들도 구하다

감자가 중국에 소개된 건 17세기 후반, 네덜란드 선교사를 통해서입니다. 중국은 영토가 방대하고 지방마다 기후 조건이 달라 감자가 전역으로 퍼지는 데엔 상당한 시간이 걸렸습니다. 감자 재배가 중국에서 급격히 늘어나기 시작한 건 기근이 발생한 1959년 이후였습니다. 감자가 중국에서도 사람들을 구했던 것입니다.

한편, 일본은 중국보다 조금 이른 17세기 초에 네덜란드와 교역이 활발하던 나가사키 항을 통해 감자가 들어왔고, 18세기 이후 본격적으로 재배되기 시작한 것으로 알려졌습니다. 우리나라에는 감자가 1824년 만주에서 처음 전해졌디는 설과 1832년 영국 상선에 의해 들어왔다는 설이 있습니다. 우리의 가난한 시절을 함께한 감자가 한국 땅에 발을 들인 지는 불과 180년밖에 안 되었습니다.

감자는 우리나라에서도 가난한 사람들을 기근에서 구해 낸 고마운 작물입니다. 특히 강원도가 감자로 유명한데, 이는 1920년대 초에 강원도 회양군 난곡면에서 농업 연구를 하던 독일인 매그린이 개발한 품종인 난곡 1호~난곡 5호가 1930년대 강원도에서 대규모로 재배된 데에서 비롯되었습니다. 일제강점기였던 당시 강원도에는 가난한 화전민이 약 35만 명 정도 살았는데 이는 도 인구의 약 4분의 1이었습니다. 강원도의 기후 조건이 감자 재배에 적합하고, 감자가 다른 작물에 비해 단위 면적당 수확량이 많았기 때문에 벼농사가 어려웠던 이 지역에서는 화전민을 중심으로 감자가 주식으로 재배되었습니다.

감자는 세계 곳곳에서 인류를 기아로 부터 구원해 주었습니다. 자그마한 감자에도 역사를 움직이는 힘이 숨어 있었다니 놀라울 뿐입니다.

옛날에는 식량이 부족해서 기아 사태가 일어났습니다. 그러나 현대에는 식량 생산의 문제가 아니라 분배의 문제로 기아 현상이 발생합니다. 곧, 한쪽에선 식량이 남아돌고 다른 한쪽에선 굶어 죽는 사람들이 속출하고 있습니다. 20세기 들어 세계 인구가 네 배나 늘어나면서 후진국에서는 기아 현상이 다시 심화되고 있습니다. 인류 모두의 관심과 지혜가 필요한 때입니다.

콩은 우리 한민족과는 떼려야 뗄 수 없는 궁합 작물로 오랫동안 한반도에 부족했던 단백질과 지방을 책임져 왔습니다. 오늘날 농학에서는 콩의 한 종류인 대두의 원산지를 한반도와 만주 남부로 보고 있으며, 약 5,000년 전에 재배가 시작되었다고 합니다. 고조선에서는 신석기 시대부터 밭농사를 지었는데, 북한의 회령 오동 고조선 유적지에서는 기원전 1300년경의 청동기 유물과 함께 콩, 팥, 기장이 나왔습니다.

실제로 콩(대두)의 원산지가 한반도임을 뒷받침하는 실증적인 조사가 있었습니다. 1920년대 미국은 세계 식량 종자 확보를 위해 세계 각지의 야생 작물 채취에 나섰습니다. 그들은 한반도에서 3개월 동안

활동하면서 전 세계 야생콩(대두) 종자의 절반이 넘는 무려 3,379종의 야생콩을 채취했습니다. 식물의 원산지는 변이종의 다양성을 기준으로 추정하는데, 한반도에서 가장 많은 콩(대두)의 변이종이 발견된 것입니다. 이렇듯 다양한 야생콩(대두)이 한반도 곳곳에서 발견되어 한반도가 콩의 원산지임을 실증적으로 증명했습니다.

영주에 설립된 세계 최초의 콩 박물관

2015년 4월 경북 영주에 '콩세계과학관'이 문을 열었습니다. 국내에 세계 최초로 콩 박물관이 설립될 수 있었던 배경에는 한반도와 만주가 콩의 원산지라는 학계 의견도 한몫했습니다. 지금도 한반도 곳곳에서 다양한 야생콩과 재래종 콩이 자생하고 있습니다.

우리나라에는 갈색아주까리, 밤콩, 선비잡이, 수박태, 아주까리, 오리알태, 우렁콩, 호랑무늬콩 같이 희귀한 콩 토종 자원이 많습니다. 이 가운데 우리가 주로 애용하는 콩은 대두, 서리태, 쥐눈이콩 등 몇 가지뿐입니다.

우리가 콩이라고 부르는 대두는 메주콩, 두부콩 등 쓰임새에 따라 다양하게 부릅니다. 대두는 노란 콩(백태)으로 된장의 원료인 메주를 만드는 데 사용돼 메주콩이라고 부르며, 또 두부를 만들 때도 이 콩을 주로 사용해 두부콩이라고도 부릅니다. 서리태는 밥에 넣어 먹는 검정콩이며 쥐눈이콩은 작고 마치 쥐의 눈처럼 생겼다고 해서 이름 지어졌습니다. 오리알태와 수박태는 콩나물용으로는 최고의 품질을 갖고 있는데, 수확량이 적고 병과 재해에 취약해 우리 곁에서 사라질 위기에 처해 있습니다.

콩 유전자 확보로 콩 종자 패권을 취한 미국

우리나라와 중국은 1960년대까지만 해도 세계 콩 생산국 1, 2위를 다투었지만 지금은 미국과 브라질, 아르헨티나가 콩 생산국 세계 1, 2, 3위를 차지하고 우리나라와 중국은 대표적인 콩 수입국으로 전락했습니다.

현재 미국에서 생산하는 대두의 90%는 아시아에서 채집한 종자 35가지를 개량한 것이며, 이 중 6가지 품종은 한반도에서 채집한 것입니다. 미국은 1901년부터 1976년 사이에 우리나라에서 5,496종의 새래콩 콩을 수집해 갔으며 이 가운데 3,200여 종의 콩을 일리노이 대학이 보존하고 있습니다. 이와 별도로 미국 농무부는 1947년까지 1만 개의 콩에 대한 유전자형을 우리나라에서 수집해 갔는데, 미국이 동아시아에서 수집한 콩 종자 가운데 우리나라에서 수집한 콩이 74%에 달할 정도로 압도적으로 많습니다.

강낭콩은 콩과 작물 가운데 유일하게 남아메리카가 원산지로 알려져 있으며, 나머지 콩과식물은 아시아와 유럽이 원산지입니다. 이 가운데 비둘기콩은 인도, 녹두는 인도 중부, 렌즈콩과 완두콩, 향완두콩, 병아리콩은 남유럽과 서아시아, 캅카스에서 유래한 것으로 알려져 있습니다.

목축이 힘든 한반도와 만주 남부의 숨은 공신, 콩

신석기 혁명인 농경이 가능했던 것도 구석기 시대 후반기에 고기를 불에 구워 먹음으로써 뇌 용량이 증가하면서 다양한 도구의 활용이 가능해졌기 때문입니다.

농경의 시작은 인간의 수렵·채취 생활을 식량을 생산하는 방식으로 바꿨습니다. 이때 수렵을 주로 했던 사람들은 초원으로 가서 목축을 하는 유목 민족이 되었고, 채취를 주로 했던 사람들은 평야 지대에 정주하여 농경을 하는 정주 민족이 되었습니다. 이렇듯 초기 인류는 작물 재배를 시작하면서 식량 생산 시대를 만들어 갔습니다.

인간은 먹거리가 부족해지면 생존을 위해 먹이가 있는 곳으로 이동했습니다. 한반도와 만주 남부는 국토의 70% 이상이 산악 지대로 초원이 귀해 가축을 기르기 어려웠습니다. 그래서 육류를 섭취하려면 사냥을 하거나 키우던 가축들을 잡아야 해서 식용 고기가 귀했습니다. 이러한 식용 고기를 대체해 준 작물이 바로 콩이었습니다.

단백질과 지방은 인체를 구성하는 핵심 성분입니다. 콩은 40% 내외의 단백질과 30% 내외의 지방으로 이루어져 있어 쌀을 주식으로 하는 사람들에게 부족하기 쉬운 단백질과 지방을 공급하는 중요한 양식입니다.

그래서 한반도에서는 5,000년 전부터 오늘날까지 목축이 발달하지 못했음에도 콩 덕분에 사람들이 단백질과 지방 결핍에 시달리지 않을 수 있었습니다. 우리 민족이 유목 민족이 되지 않고 기마 민족으로 한반도를 지킬 수 있는 힘이 바로 콩이었습니다.

콩과식물의 뿌리혹박테리아

지력을 살려내는 콩

콩은 비료를 주지 않아도 잘 자랄 뿐 아니라 다른 작물에게도 도움을 주는 것으로 알려져 있습니다. 콩의 뿌리에 서식하는 뿌리혹박테리아가 자체적으로 비료로 사용되는 질소화합물을 합성하기 때문에 비료를 주지 않아도 잘 자라기 때문입니다. 그뿐만 아니라 콩을 다른 작물과 같이 심으면, 다른 작물에도 콩의 뿌리혹박테리아에서 만든 질소 비료를 공급하여 잘 자라게 돕습니다. 그래서 옛날부터 옥수수 같은 작물을 심는 밭의 중간중간에 콩을 섞어서 심었습니다. 또 오래 농사를 지어 지력이 고갈된 토양이나 노는 땅에 콩을 심어 지력을 살려내기도 합니다.

기원전 7세기 중국에 전파된 콩

콩의 한자는 숙(菽)입니다. '숙맥(菽麥)'이라는 말은 바로 콩과 보리라는 뜻입니다. 숙맥(쑥맥)은 인간에게 가장 중요한 양식인 콩과 보리조차도 구분하지 못한다는 뜻에서 쓰이기 시작한 말입니다. 숙맥이 쑥맥이 된 것은 강하게 발음하려는, 우리말의 된소리 현상에서 비롯되었습니다.

고조선의 콩은 제나라를 통해 중국으로 전해집니다. 전한 시대의 사마천이 집필한 『사기』를 보면 "제나라는 북으로 산융을 정벌하고 고죽국 지역까지 갔다가 융숙을 얻어 돌아왔다"라는 기록이 있습니다. '융숙'이라는 것이 바로 콩(대두)입니다. 기원전 623년의 일입니다.

콩 덕분에 일찍이 발달한 발효식품, 된장과 간장

우리나라만큼 콩을 재료로 하는 음식이 발달한 나라는 없습니다. 오랜 콩의 역사만큼이나 콩 요리가 다양하게 발달했습니다. 콩은 쌀과 보리 등 잡곡과 함께 섞어 먹기도 하지만 우리 조상들은 콩으로 메주를 담가 이를 이용해 된장, 간장, 고추장, 청국장을 만들어 먹었습니다.

장은 우리 고유의 발효 식품으로, 콩 단백질이 분해되면 특유의 향기와 감칠맛이 생깁니다. 장은 우리 음식을 맛있게 하는 기초 식품이자, 육류의 섭취가 부족했던 우리나라의 전통 식생활에서 단백질 공급원이기도 했습니다.

트립신이라는 소화 효소는 우리 몸에서 단백질의 소화 작용을 돕는 작용을 하는데, 콩에는 이 소화 효소의 활동을 방해하는 특정한 단백질이 있습니다. 그래서 콩을 생으로 먹거나 덜 익은 상태로 먹었을 때 설사나 배에 가스가 차는 증상이 나타납니다. 우리 조상들은 이러한 콩의 성질을 알고 된장, 청국장, 두부같이 다른 방식으로 콩을 가공해서 먹었습니다. 그리고 콩으로 콩나물을 길러 먹기도 했습

대두

니다. 콩나물은 콩을 발아시켜 만든 식품으로 콩에는 부족한 비타민 C 등이 풍부합니다.

두부는 10세기 이후부터 중국 문헌에 등장합니다. 한국 문헌에서 처음으로 두부가 등장한 것은 고려 말기 이색의 시문집 『목은집(牧隱集)』에서였습니다. 이색은 한 시에서 "나물죽도 오래 먹으니 맛이 없는데, 두부가 새로운 맛을 돋우어 주어 늙은 몸이 양생하기 더없이 좋다"라고 적었습니다.

콩을 가득 실어 나르던 두만강

콩은 단군 이래 우리 민족과 처음부터 함께해 온 먹을거리로 우리 국민건강을 지켜 온 파수꾼의 역할을 톡톡히 해 왔습니다. 1930년 전후만 해도 우리나라

는 세계 2위의 콩 재배 국가였습니다. 두만강(豆滿江)이라는 지명도 '콩을 가득 실어 나르는 강'이라는 뜻입니다. 실제로 일본 사람들이 두만강에서 우리 콩을 많이 실어 날랐다는 기록이 있습니다. 당시 일본인들은 한반도 전체 콩 생산량의 30% 이상을 수탈해 갔습니다.

18세기에 서양에 전파된 대두

서양에서도 오래전부터 콩을 먹어 왔지만 주로 렌즈콩과 완두콩을 즐겼습니다. 현재 서양에서 가장 많이 먹는 콩 종류는 대두로, 이것이 유럽에서 재배되기 시작한 것은 18세기 초입니다. 그 뒤 대두 재배가 유럽에 널리 퍼지기 시작한 것은 20세기에 이르러서였습니다.

미국에 대두가 전래된 것은 19세기 중반인데 지금은 아메리카 대륙이 세계 대두의 80% 이상을 생산하고 있습니다. 대두는 식량 용도 외에도 가축의 사료와 공업용 원료로 개발되었습니다. 대두는 서양에 전해진 후 옥수수에 이어 두 번째로 많이 재배되는 작물이 되었습니다.

장수 음식, 콩

콩은 장수 음식입니다. 원광대학교 보건대학원은 우리나라 장수 마을을 조사한 결과, 콩과 마늘 수확량이 많은 지역에 사는 주민들이 오래 산다는 연구 결과를 발표했습니다.

일본은 대표적인 장수 국가입니다. 그 장수 비결의 하나는 발효 음식을 즐겨 먹는 습관입니다. 일본인의 식탁에서 빠지지 않는 식품이 바로 미소시루와 낫토입니다. 미소시루는 우리 된장국과 비슷하나 맛이 다소 엷고 담백하며, 낫토는 우리나라 청국장과 비슷한 형태지만 된장이 되기 전까지만 발효시킨 음식으로 대두의 형태가 그대로 남아 있고 발효로 인해 끈적거립니다. 또 세계 장수촌 중 하나인 남미 에콰도르의 작은 마을 빌카밤바는 질병이 없는 '면역의 섬'으로 알려져 있습니다. 이 지역 장수 노인들이 건강하게 살 수 있는 비결은 모든 주민이 유기농으로 재배한 콩을 주식으로 삼은 것입니다.

세계에서 다양하게 즐기는 콩 음식

마파두부

중국의 마파두부는 저민 고기, 빨간 고추, 산초 또는 화초 등에 연두부를 넣고 찌는 요리로, 빨간 고추의 매운맛과 산초 또는 화초의 얼얼한 맛이 특징입니다.

마파두부는 중국 쓰촨 성 지방의 청두에서 최초로 만들어졌습니다. 청나라 말기 1862년, 진 씨 부인은 남편을 교통사고로 잃고 생계가 막연했습니다. 부인은 시누이와 함께 남편의 동료들을 대상으로 두부에 고추, 후추, 양고기, 고추기름 등을 섞은 맵고 얼얼한 두부 요리를 만들어 팔았는데 맛이 좋아 입소문이 나기 시작했습니다. 이 요리는 진 씨 부인이 곰보였던 탓에 '곰보(麻) 할머니(婆)가 파는 두부'라는 뜻의 '마파두부(麻婆豆腐)'라는 이름이 붙었습니다.

쓰촨 성에서만 널리 알려졌던 이 요리가 중국 전체로 퍼진 계기는 중일전쟁이었습니다. 중국 국민당 정부가 1938년 수도를 난징에서 쓰촨 성 충칭으로 옮기면서 자연스럽게 중국의 관료와 부자 등은 물론이고 수많은 피난민이 임시 수도인 충칭으로 몰려들었습니다. 이때 피난민들에게 마파두부가 소개되었고, 곧 인기 메뉴로 각광받았습니다.

훔무스

이스라엘과 중동 지역에서는 병아리콩을 재료로 '훔무스'라는 소스를 만들어 먹습니다. 한국 밥상에 김치가 빠지지 않듯, 중동 사람들의 밥상에는 훔무스가 빠지지 않습니다. 중동 시장에서 병아리콩을 찾으면 훔무스를 찾냐고 되물어 볼 정도로 중동인들은 훔무스를 즐겨 먹습니다.

팔라펠

훔무스만큼이나 중동에서 많이 먹는 팔라펠도 병아리콩으로 만듭니다. 말린 병아리콩을 셀러리, 양파 등과 함께 갈은 다음, 작고 동그랗게 뭉쳐서 기름에 튀깁니다. 이집트부터 이란에 걸쳐, 중동의 많은 지역에서 친숙한 음식입니다. 이집트의 기독교는 금욕 기간인 사순절에 육식을 금지했습니다. 이 기간 동안 병아리콩으로 만든 팔라펠은 고기를 대체할 만한 음식으로 적합했습니다. 최근 팔라펠은 중동 지역은 물론 세계 곳곳에서 고기 대용 식품으로 인기를 끌고 있습니다.

마파두부, 훔무스, 페이조아다, 팔라펠 (왼쪽 상단부터 시계 방향)

페이조아다

2016년 하계 올림픽이 열렸던 브라질의 대표적인 서민 음식은 '페이조이다'입니다. 페이조아다란 이름은 포르투갈어의 콩을 뜻하는 '페이장'으로부터 온 것입니다. 이 페이조아다의 기원은 돼지를 잡아먹을 때, 노예들이 주인이 먹지 않는 부위인 족발, 돼지 귀, 돼지 뼈 등을 콩과 함께 넣어 끓여 먹은 데서 유래합니다. 이후 이것을 맛본 주인들도 맛있게 먹으면서 세상에 널리 알려지게 되었습니다.

3. 신의 축복, 올리브 이야기

지중해 사람들은 미국인보다 고도비만이나 혈관 질환에 걸릴 가능성이 낮습니다. 그 비결은 그들의 건강식 식단에 있습니다. 올리브유와 포도주가 바로 그 주인공들입니다.

포도씨유, 카놀라유, 옥수수유, 콩기름, 참기름은 모두 씨앗을 짜서 얻는 기름인 반면 올리브유는 과육을 짜서 얻는 기름입니다. 이 올리브유가 건강에 아주 좋은 것으로 알려져 있습니다.

수많은 장수촌이 있는 지중해 국가들의 식단에는 항상 올리브유가 빠지지 않습니다. 올리브유는 요구르트, 양배추와 더불어 서양의 3대 장수식품의 하나입니다.

지중해 연안의 그리스, 스페인, 이탈리아 요리를 지중해 식단이고 하는데, 이들 지역 사람들이 가장 낮은 심장 질환 발생률을 보인다는 중요한 연구 결과가 있습니다. 그들이 애용하는 올리브유가 혈관의 나쁜 콜레스테롤을 줄

올리브 열매는 연한 초록빛을 띠다가 시간이 지나면서 진녹색과 검은색으로 변한다

여 주기 때문입니다. 특히 여성의 유방암 발생률을 낮춰 준다고 합니다. 올리브유 생산 국가는 이제 유럽뿐 아니라 아시아, 아프리카와 아메리카에 이르기까지 많은 나라로 확장되었습니다.

지중해 교역의 원조

올리브유가 건강에 좋다는 것은 옛날 사람들도 잘 알았던 듯합니다. 이미 기원전 4000년경에 동지중해 지역에 올리브 나무가 경작되었다는 증거가 있습니다. 고대에 올리브유는 아주 귀한 상품이었습니다. 사막성 기후인 가나안 땅에는 생명력이 강인한 올리브 나무들이 많이 자랐습니다. 밀 재배가 불가능했던 가나안 사람들은 먹고살기 위해 기원전 3000년경부터 올리브유와 말린 생선을 갖고 해상 교역을 시작했습니다.

기원전 2000년경에 이르러 가나안 사람들은 멀리 영국의 남부 콘웰 지방에서 발견된 대량의 주석과 바꾸어 오기 위해 소금과 올리브유 생산을 본격화했습니다. 이로써 유럽에 청동기 문화가 만개될 수 있었습니다.

그리고 가나안 사람들이 지중해 교역 거점 지역을 넓혀 나가는 과정에서 자연스럽게 올리브 나무를 그리스 지역과 이탈리아 그리고 스페인 등지로 순차적으로 옮겨 심기 시작했습니다.

올리브 나무와 연관된 신화

올리브 나무의 유래와 연관된 재미있는 신화도 있습니다. 옛날에 아테네는 지금과는 다른 이름을 가지고 있었습니다. 최초의 건설자가 케크롭스였기 때문에 '케크로피아'라고 불렸습니다. 바다의 신 포세이돈과 지혜의 여신 아테나는 이 도시를 서로 자신이 지배하겠다며 제우스에게 간청했습니다. 이 건에 대해 제우스는 올림포스의 열두 신을 소집하여 회의를 열었습니다. 회의 결과, 인간들에게 필요한 것을 줄 수 있는 신이 케크로피아의 수호신이 될 수 있다는 결론이 내려졌습니다.

그러자 포세이돈은 곧바로 삼지창을 휘둘러 큰 바위를 부순 다음 아름다운 말과 샘을 만들어 냈습니다. "제가 줄 것은 말입니다. 사람들은 이 말을 타고 달려 나가 적을 무찌를 수도 있고, 무거운 물건도 나를 수 있습니다. 또 쟁기를 매달아 밭을 갈 수도 있습니다." 반면, 아테나는 창으로 땅을 내리쳐서 한 그루의 나무가 솟아나게 했습니다. 나무는 무럭무럭 자라나 가지를 넓게 뻗

아테네 여신과 포세이돈의 싸움을 새긴 파르테논 신전의 조각

으며 수없이 많은 푸른색 열매를 맺었습니다. "제가 줄 것은 이 올리브 나무입니다. 한낮에는 시원한 그늘을 만들어 줄 뿐만 아니라 도시를 아름답게 꾸며 줄 것입니다. 무엇보다 이 열매에서 나는 기름은 사람들의 생활을 풍요롭게 해 줄 것입니다."

　말이나 올리브 모두 인간에게 필요한 것이지만, 말은 투쟁을 상징하는 반면 올리브 나무는 평화와 풍요를 상징하므로 케크로피아 사람들은 고민 끝에 올리브를 선택했습니다. 그 이후 도시는 여신의 이름을 따 아테네라 불리게 되었습니다.

올리브 나무의 중요한 특성

올리브 나무가 자라는 환경을 살펴보면 올리브의 특성을 이해하기 쉽습니다. 올리브 나무가 척박한 사막성 기후의 땅에서 자라기 위해서는 땅속 깊이 그 뿌리를 내려야 합니다. 성장 속도도 줄이고 나이테를 겹겹이 짧게 쌓아야 합니다. 이렇게 생존을 위해 치열하게 용쓰는 올리브 나무는 심긴 지 15년 동

올리브 나무

안 뿌리만 내립니다. 그 이유는 안정된 수분 층까지 뿌리를 내리는 데 적어도 15년 이상이 걸리기 때문입니다. 그렇게 뿌리를 깊게 내린 연후에야 비로소 첫 열매를 맺습니다.

올리브 나무는 평균 1,000년 이상을 살면서 지상에서 가장 좋은 기름을 제공합니다. 올리브 나무 열매의 첫 기름은 왕의 기름부음과 사제 서품에 쓰입니다. 거룩한 기름인 것입니다. 성경에서 말하는 감람나무가 바로 올리브 나무입니다.

이러한 뿌리 덕분에 올리브 나무는 옥토에서 자라는 나무들조차 가뭄으로 인해 죽는 때에도 바위투성이 땅에서 살아남을 수 있습니다. 또한 1,000년 이상 계속해서 열매를 맺을 수 있는 것도 뿌리 때문입니다. 올리브 나무는 특이하게도 밑동에서 계속 새 가지가 돋아나 열매를 맺습니다. 갈릴리의 한 올리브 나무는 알렉산더 대왕이 페르시아 정복 전쟁에 나섰던 기원전 331년부터 생존했다고 하니 수령이 2,300년이 넘었습니다. 또한 예루살렘 겟세마네 동산의 감람나무들도 거의 수령이 1,000년 이상 되었다고 합니다.

이렇게 올리브 나무가 오랜 수명을 견딜 수 있는 것은 독특한 면역 체계 때문입니다. 메뚜기 떼가 공격해서 올리브 나무를 갉아 먹으면 올리브 나무는 독특한 화학 성분을 합성하여 냄새를 분비하는데, 이것이 바람에 날려 가까운 곳의 나무에게 옮겨진다고 합니다. 그러면 근처의 올리브 나무들은 메뚜기 떼의 공격을 막는 화학물질을 만들어 내기 시작합니다. 그렇게 먼저 공격당한 나무는 죽지만 근처의 나무들은 살아남게 됩니다.

올리브 나무는 우리에게 많은 것을 시사해 줍니다. 개인이나 국가도 뿌리가 튼튼해야 하고, 공동체를 위해 서로 협력해야 좋은 결실을 맺는 섭리를 이야기해 주고 있습니다.

4. 다양한 원료의 치즈 이야기

지금까지 알려진 치즈 종류만 2,000가지가 넘습니다. 이렇게 치즈의 종류가 수천 가지나 되는 이유는 젖의 종류, 응고 과정에 쓰이는 재료, 숙성 기간, 숙성 환경 등 치즈 맛을 결정하는 요인이 다양하기 때문입니다. 치즈는 식량이 부족했던 인류에게 장기간 보관이 가능하고 휴대하기 편리한 식량원이자, 다양한 풍미와 풍부한 영양분으로 사랑받아 온 식품입니다.

치즈는 가축의 젖을 그대로 두면 응고되는 성질을 이용한 것이므로 인류가 가축의 젖을 마시기 시작하면서부터 만들어졌으리라 생각됩니다. 인류가 양을 사육하기 시작한 것이 약 12,000여 년 전이므로, 최초로 치즈를 만들었던 사람들 역시 최초로 가축을 사육하기 시작한 중앙아시아의 유목민들이었을 것입니다.

당시엔 동물의 가죽이나 내장을 그릇으로 사용했습니다. 특히 동물 내장 주머니에 담긴 가축의 젖이 응고되어 있는 것을 우연히 발견함으로써 치즈의

역사가 시작되었을 것입니다. 응고된 젖에서 유청(우유를 치즈로 가공할 때 생기는 부산물로 응고된 젖을 제외한 맑은 액체)을 따라 내고 눌러 짜내면 치즈가 됩니다.

인류는 가축을 기르다 이를 잡아 고기와 뼈, 가죽으로 만들었습니다. 그러다 기원전 3500년경부터 도축하지 않고 가축의 젖과 털, 노동력을 이용하기 시작했습니다. 이때부터 양, 염소, 소 등 가축의 젖으로 치즈를 본격적으로 만들기 시작했습니다. 식량이 부족했던 때에 치즈는 오래 두고 먹을 수 있는 안정적인 식량원이었습니다. 특히 단백질과 지방을 섭취할 수 있는 중요한 음식이었습니다. 치즈는 우유와 비교하면 10배의 단백질과 지방이 농축되어 있고, 쇠고기에 비교하면 약 1.5배의 단백질과 약 200배의 칼슘이 들어 있습니다. 치즈는 단단해 휴대하기 편리했습니다. 이렇게 이동 중에도 오래 보관하며 먹을 수 있어 로마 군대의 보급 식품이 되었습니다. 로마 군대가 지나간 뒤 전 유럽에 치즈가 소개되기 시자했습니다.

숙성 중인 치즈

휴대성을 가능하게 만든 치즈 숙성법

치즈의 휴대가 가능했던 것은 수분을 없애는 숙성법 덕분이었습니다. 동물 내장에 있던 '레닌'으로 응고된 젖의 수분을 숙성 과정을 통해 없앨 수 있었습니다. 레닌이란 보통 양이나 송아지의 4번째 위에서 얻을 수 있는 효소입니다. 이 효소는 치즈를 만들 때 젖을 응고시키는 중요한 역할을 합니다.

응고된 젖을 바구니 틀이나 구멍을 낸 질그릇 속에서 압착한 다음에 발효를 시키거나 숙성시켰습니다. 숙성 과정에서 곰팡이 곧 미생물 발효를 통해 다양한 향과 맛을 더했습니다. 곰팡이 외에도 허브나 향신료, 훈연 등으로 다채로운 풍미를 더해 더 좋은 품질의 치즈를 만들었습니다.

치즈의 대중화

치즈는 4세기부터 수출 상품으로 인기가 있었습니다. 수출하기 위해서는 품질 유지가 중요했습니다. 탐험의 시대에 치즈는 긴 항해에서 가장 믿을 만한 저장 식품 가운데 하나였습니다. 이렇게 치즈는 신대륙을 방문하는 탐험가들을 통해 신대륙에도 도착했습니다.

치즈는 육식이 금지된 수도원이나 일부 신도들에게 단백질의 주요 공급원으로써 매우 중요한 역할을 했습니다. 고기를 대체할 수 있는 음식으로 수도원에서 주로 만들었습니다. 수도원들은 단조롭고 한정된 식사에 변화를 주기 위해 다양한 치즈를 개발해 제조 기술을 마을 사람들과 공유함으로써 전 유럽에 치즈 문화를 이끌어 냈습니다.

치즈 종류

치즈는 대부분 젖소의 우유로 만들지만 양이나 염소의 젖으로 만든 치즈도 많습니다. 물소 젖이나 순록, 당나귀, 낙타 등의 젖으로도 치즈를 만들기도 합니다.

치즈는 원유의 종류뿐 아니라 가공하지 않은 생유, 파스퇴르유(우유에 들어 있는 해로운 병원균을 없애기 위해 살균처리를 한 우유), 지방을 함유한 전유, 지방을 제거한 탈지유 등으로도 분류됩니다. 치즈를 구입할 때 상표를 보면 어떤 원유를 사용했는지 알 수 있습니다.

치즈는 보통 신선한 치즈와 숙성된 치즈로 구분합니다. 치즈를 막 만들었을 때와 숙성시켰을 때의 특징이 명확하게 차이 나기 때문입니다. 신선한 치즈는 수분을 많이 함유하고 있습니다. 신선한 치즈 종류로는 리코타, 모차렐라 치즈 등이 있습니다.

숙성된 치즈를 만들려면 응고된 젖을 가열하거나 박테리아를 접종하는 과정을 통해 이것을 보존 처리해야 합니다. 이후 온도와 습도가 일정하게 유지되는 공간에서 자연스럽게 숙성을 하면 치즈가 완성됩니다. 숙성 치즈로는 파르메산, 페코리노 등이 있습니다.

숙성 치즈는 단단함에 따라 다단한 경질 치즈와 부드러운 연질 치즈로도 분류되며, 굳히는 방법과 박테리아를 접종시키는 방법에 따라서 반 고형인 것에서부터 크림 형태의 치즈까지 다양한 형태가 있습니다. 수분이 55% 이상의 연질 치즈에는 모차렐라, 카망베르, 브리, 크림치즈 등이 있습니다. 수분이 45~55%의 반 경질 치즈는 고르곤졸라가 대표적입니다. 수분이 45% 이하인 단단한 경질 치즈는 고다, 에담, 에멘탈 등이 있습니다.

가공 치즈와 토핑 치즈

근대에 치즈 산업은 더욱 발전했습니다. 우선은 냉장고 덕분에 오래 보관할 수 있게 되었고, 파스퇴르가 저온살균법을 개발해 치즈를 대량 생산할 수 있는 환경을 만들어 주었기 때문입니다.

최근에는 치즈 토핑이 올려진 요리를 자주 접할 수 있습니다. 아이스크림,

빙수, 치킨, 감자튀김, 돈가스 등 갖은 음식들 위에 '가공' 치즈를 토핑으로 올려 인기를 끌고 있습니다. 햄버거나 샌드위치에 넣는 가공 치즈는 치즈 생산량의 80% 이상을 차지하고 있습니다.

가공 치즈는 1911년 스위스에서 최초로 개발되었으나 자연 치즈가 발달한 유럽에서는 관심을 끌지 못했습니다. 미국 크래프트 사가 1916년에 이 제조 기술로 특허를 냈고 1950년에 슬라이스 치즈를 생산하는 기술을 개발했습니다. 슬라이스 치즈는 치즈 버거나 치즈 샌드위치에 사용되면서 대중적인 인기를 얻게 되었습니다.

유명 치즈들

콩테는 프랑스에서 가장 사랑받는 치즈로 무려 천 년의 역사를 가지고 있습니다. 암소 젖으로 만듭니다. 에멘탈은 만화영화 「톰과 제리」에서 제리가 먹던 구멍이 숭숭 뚫린 치즈로 주로 치즈 퐁듀로 만들어 먹습니다. 물소 젖으로 만드는 모차렐라는 마르게리타 피자에 넣는 치즈로 유명하고, 신선한 치즈의 대표 주자입니다. 주로 그라탱, 피자에 이용합니다. 브리는 파리 동부에서 만들어지는 흰곰팡이 치즈로 왕들에게 사랑받은 치즈입니다. 카망베르의 어머니로 디저트용으로 많이 이용됩니다. 체더는 영국 최대의 협곡에서 만들어져서 미국, 호주, 우리나라 등 세계 곳곳에서 만들어지는 가장 유명한 경질 치즈입니다. 카망베르 다음으로 많이 먹는 치즈입니다. 카망베르는 프랑스 노르망디 마을의 부인들이 나폴레옹에게 대접한 치즈로 유명합니다. 향이 강하

콩테, 에멘탈, 브리, 카망베르, 고르곤졸라, 로크포르, 체다, 모차렐라(왼쪽 상단부터 시계방향)

고 곰팡이에 의해 숙성된 치즈로 비스킷이나 카나페 등과 잘 어울립니다. 로크포르는 '세계 3대 블루치즈' 가운데 하나로 푸른곰팡이가 들어간 양젖 치즈입니다. 약간 짜고 맛이 강해 레드 와인과 잘 어울리고, 샐러드에 이용됩니다. 고르곤졸라는 이탈리아의 대표적인 블루치즈입니다. 푸른곰팡이로 숙성시켜 톡 쏘는 맛이 강하고 제빵 요리, 고기, 달걀 등과 함께 구워 먹으면 좋습니다.

밀월(蜜月)은 '꿀같이 달콤한 한 달'이라는 뜻입니다. 허니문(Honeymoon)을 한자로 번역한 것인데, 문(moon)은 한 달을 의미합니다. 신혼 초를 '밀월'이라고도 하는데, 이는 고대 게르만 민족의 풍습에서 비롯된 것으로 전해집니다. 그들은 신혼 초 한 달간 몸에 좋은 벌꿀 술을 마시며 보냈다고 합니다.

꿀은 사람이 먹는 식품 중에서 열량을 가장 손쉽게 얻을 수 있는 식품입니다. 10그램만 먹어도 약 30칼로리의 열량을 얻을 수 있습니다. 또 꿀 속에는 사람에게 필요한 당분 이외에도 비타민과 미네랄이 함유되어 있어 피로를 회복시켜 주고 노화를 방지하며 활동력을 강화시켜 줍니다. 벌꿀술은 '허니 와인'이라고도 불립니다. 물에 꿀을 타 놓기만 하면 야생 효모에 의해 자연 발효가 일어납니다. 아마도 인류 역사상 최초의 술이었을 것으로 추정됩니다. 이러한 벌꿀술을 마시는 풍습은 스칸디나비아 반도와 러시아, 폴란드 등지에서도 지켜져 왔으나 지금은 맥주와 보드카의 보급으로 잊혀지고 있다고 합니

다. 하지만 아직도 라틴 아메리카와 아프리카 사람들은 벌꿀술을 마십니다.

스페인 발렌시아 부근의 동굴 암벽에는 벌꿀을 따는 여인의 모습이 그려져 있는데, 이 동굴 벽화는 약 만 년 전의 것으로 추정됩니다. 또한 성서에는 하느님이 가라고 명한 가나안 땅을 '젖과 꿀이 흐르는' 선택받은 곳으로 묘사할 만큼 꿀은 온 인류가 오래전부터 귀하게 애용하여 온 자연 건강식품입니다.

기원전 3200년경의 이집트 피라미드에서 파라오의 부장품 가운데 꿀 항아리가 발견됐습니다. 이렇게 벌을 키워 꿀을 채취하는 일은 고대 이집트 문명에서부터 시작된 것으로 보입니다.

꿀벌의 공동체 생활

여왕벌은 두 가지 종류의 알을 낳는데, 하나는 불수정란으로 여기서 수벌이 탄생합니다. 또 다른 수정란에서는 여왕벌과 일벌이 탄생하는데, 같은 수정란으로부터 두 가지 벌이 생기는 원인은 부화되어 완전히 자라날 때까지 먹이가 다르기 때문입니다. 곧 일벌은 꿀을 먹고 크지만 여왕벌은 로열젤리를 먹고 자랍니다.

꿀벌은 계급 사회를 형성하여 공동체 생활하는데, 일벌이 먹이가 있는 곳을 팔(8) 자 모양의 춤으로 알려 주어서 공유할 만큼 공동체 의식이 강합니다. 여왕벌은 수벌과 번식을 통해 대를 잇는데, 할 일이 끝난 수벌은 무리에서 추방당하거나 살해당합니다. 여왕벌이 알을 낳아서 애벌레가 부화하면 일벌은 여왕벌이 될 벌에게만 로열젤리를 먹여서 다음 세대를 준비합니다.

꿀벌의 경이로운 노동 결과물, 꿀

꿀은 꿀벌이 꽃물을 빨아 만듭니다. 벌의 꿀주머니에 들어간 꽃물의 주성분은 설탕이지만, 벌의 침과 소화액에 들어 있는 효소와 반응해 포도당과 과당의 혼합물인 전화당이 됩니다. 벌은 한 번 꿀을 뜨러 나갈 때마다 자기 몸무게 절반 정도의 꿀을 따옵니다.

집으로 돌아온 벌은 물기가 많은 꿀을 게워 내 밀랍으로 만든 방에 쌓아 둡니다. 일벌들은 꿀을 농축시키기 위해 꿀을 삼켰다가 게우는 일을 반복하여

수분을 40~50%까지 증발시키고, 그것을 벌집의 얇은 막 안에 담은 후에는 날갯짓을 계속해 20%대까지 증발시킵니다. 20분 정도 걸리는 이런 과정이 모두 끝나면 일벌의 복부 분비선에서 나오는 밀랍으로 방을 밀봉합니다.

벌은 벌집으로부터 근방 2킬로미터 정도를 날아다니면서 꿀을 뜨는 데 한 마리 벌이 1리터의 꽃물을 운반하려면 벌집과 꽃 사이를 2만~10만 번 정도 왕복해야 합니다. 그리고 1리터의 꿀을 만들려면 5리터의 꽃물이 필요합니다.

벌은 하루에 한 종류의 꽃만을 찾아가며 한 방울의 꿀을 만들기 위해서 1만 잔의 꽃물을 소화해야만 합니다. 좋은 꿀을 만들고 싶은 양봉가는 꽃 피는 시기를 놓치지 않습니다. 한 종류의 꽃에서만 생산된 꿀이 가장 좋기 때문에 꽃이 지면 즉시 벌통에서 꿀을 채취합니다.

꿀의 상징

꿀 속에서는 박테리아가 살 수 없어 꿀은 썩지 않습니다. 아메바는 10시간 내에, 티푸스균은 48시간 내에, 폐렴균은 4일 내에 죽어 없어집니다.

그래서인지 꿀은 불사(不死)와 재생을 나타냅니다. 또한 꿀은 풍요와 활력을 줍니다. 여왕벌은 수컷 없이도 알을 낳을 수 있기 때문에 꿀은 더럽혀지지 않은 섬스러운 음식으로 간주되어 고대 근동에서는 꿀을 신이 먹는 음식으로 여겼습니다.

중국에서 꿀은 거짓된 우정을 나타냅니다. 달콤하고 번드르르하기 때문인 것 같습니다. 기독교에서 꿀은 예수의 임무, 달콤한 신의 말씀을 뜻합니다. 그리스에서는 시를 짓는 재능, 웅변, 지혜, 신들의 음식을 뜻합니다. 꿀벌들이 호메로스, 사포, 핀다로스, 플라톤의 입을 꿀로 가득 채워 주었다고 합니다. 꿀은 죽은 자를 위한 의식에서도 사용됩니다.

힌두교에서 꿀은 지혜의 연꽃을 먹는 함사 새의 식량이고, 자이나교에서 꿀은 금단의 음식입니다. 미노아 문명에서는 의식에서 죽은 자와 산 자가 함께 먹는 음식물로서 중요한 역할을 맡습니다. 미트라교에서 꿀은 최고신 미트라에게 바쳐지는 이 경우에 벌은 아마도 하늘의 별을 상징할 것입니다.

여러 가지 꿀 활용법

고대로부터 꿀은 주로 벌꿀술이나 꿀물같이 음료로 마셔 왔습니다. 또 꿀은 빵과 케이크의 주재료로 이용되었습니다. 벌꿀술은 발효 술의 원조로 농경시대 이전에 나타났습니다. 물을 탄 꿀을 한동안 놓아두면 발효가 되어 알코올 성분이 생깁니다. 제례 의식에서는 '신성하고 함께 나누는 음료'인 벌꿀술을 썼습니다.

꿀은 사치스러운 식품이기도 했지만, 의학적 용도로 쓰이기도 했습니다. 사실 꿀만큼 만병통치 효능을 가진 식품도 드뭅니다. 피로 회복에 좋고, 꿀을 매일 먹으면 위장이 튼튼해지고 피부가 부드러워집니다. 특히 기침을 억제합니다.

또 벌의 독은 관절이나 근육의 통증을 줄이는 데 사용하고, 벌 자체를 소금으로 볶아 먹으면 대소변을 잘 통하게 한다고 허준은 언급했습니다. 또한 『동의보감』에서 벌꿀에 대해 "오장육부를 편안하게 하고 기운을 돋우며, 비위를 보강하고 아픈 것을 멎게 하며 독을 푼다. 온갖 약을 조화시키고 입이 헌 것을 치료하며 귀와 눈을 밝게 한다"라고 적었습니다.

프로폴리스와 로열젤리

프로폴리스는 신비의 영약입니다. 프로폴리스는 꿀벌이 나무의 수액, 꽃의 암·수술에서 채취한 화분과 벌 자신의 분비물을 이용하여 만든 천연의 항

로열젤리

균·항산화 물질로 벌집의 무균 상태를 유지하는 데 꼭 필요한 물질입니다. 프로폴리스(propolis)는 그리스어로 '앞'을 뜻하는 프로(pro)와 도시를 뜻하는 폴리스(polis)에서 유래된 것입니다. 세균이 번식하기 쉬운 높은 내부 온도와 수만 마리의 벌들이 함께 모여 사는 벌집이 외부 오염으로부터 안전하게 유지되는 이유가 바로 프로폴리스의 뛰어난 항균 능력 때문입니다.

프로폴리스에는 이외에도 항산화 작용과 노화 방지, 면역력 강화 작용을 하는 성분과 인체에 유익한 미네랄이 다량 함유되어 있어 인체의 면역력을 키우고, 항바이러스, 항산화, 항균 기능을 강화하는 데에도 많은 도움을 줍니다.

로마 병사들은 전쟁에 출정할 때 꼭 프로폴리스를 휴대하여 전투에서 입은 상처를 치료했다고 합니다. 코란에는 시체 해부와 소독에 프로폴리스를 사용했다는 기록이 있고, 이집트 미라는 프로폴리스로 도포되어 있었습니다.

로열젤리는 아주 신비하고도 특이한 물질입니다. 로열젤리는 태어난 지

12일 이전의 어린 벌 머리에서 생산되는 유백색의 고단백 물질로 '왕이 먹는 젓'이라고 해서 '왕유'라고도 부릅니다. 알이 부화된 후 처음 3일간만 로열젤리를 먹고 자란 것은 일벌이 되어 40~60일 정도 삽니다. 6일간 로열젤리만 먹고 자란 것은 여왕벌이 되어 4~6년 정도 삽니다. 이뿐만 아니라 여왕벌은 자신의 몸무게보다 무거운 2,000개 이상의 알을 매일 낳는데 이것이 바로 로열제리의 신비한 효능 때문입니다.

인간에게도 로열젤리의 효능은 대단한 것으로 알려져 있습니다. 생장 발육 촉진, 콩팥 조직의 재생, 신생 세포의 생성, 신진대사의 촉진 등의 효과가 있어 대표적인 장수 식품으로 꼽힙니다. 특히 질병에 대한 저항력과 세포의 생존율을 높여 주며, 노인이 먹으면 흰머리가 검어지고, 우울증, 치매 등이 치유된다고 합니다.

밀랍

밀랍은 일벌의 배 아래 쪽에서 분비되는 노란색 물질입니다. 일벌은 이것으로 꿀을 모으고, 알을 낳으며, 벌집을 만듭니다. 사람은 밀랍을 녹인 다음 여과기로 걸러 불순물을 없앤 후 가공하여 접착제, 껌, 화장품, 광택제(왁스), 양초 등을 만드는 데 씁니다.

중세 수도원에서는 초의 재료인 밀랍을 생산하다 보니 자연스레 그 부산물이라고 할 수 있는 꿀의 생산까지 담당했던 것입니다.

꿀의 성분

꿀의 주성분은 과당과 포도당으로, 체내에서 더 이상 분해될 필요가 없는 단당류이기 때문에 에너지로의 활용이 빠릅니다. 꿀에는 사람에게 필요한 비타민과 무기질이 함유되어 있어 소화, 혈액 순환, 배설 등의 생리 작용을 원활하게 하고 기운을 보충해 피로 회복을 도와줍니다.

좀 더 자세히 설명하면, 꿀의 78%는 탄수화물로 구성되어 있는데 이 가운데 과당이 47%, 포도당이 37% 정도로 되어 있어 소화, 흡수가 잘됩니다. 그외 수분과 단백질과 무기질이 있고 비타민, 개미산, 유산, 사과산, 색소, 방향물질, 고무질, 왁스, 화분 등이 들어 있습니다. 비타민류는 B_1, B_2, B_6, 비타민 C 등이 있고 무기질로는 칼슘, 철, 구리, 염소, 마그네슘, 인 등이 함유되어 있습니다.

꿀의 종류

벌은 꿀을 채취해서 겨울철의 먹이로 저장해 둡니다. 처음 꽃에서 수집한 것은 주로 설탕 성분이지만 벌의 소화 효소로 성분이 바뀐 것이 꿀입니다. 벌이 꿀 1킬로그램을 채집하기 위해서는 560만 개의 꽃을 찾아다녀야 합니다. 한 마리 여왕벌을 중심으로 하는 집단에서 채집하는 꿀의 양은 10~13킬로그램입니다.

꽃이 피는 계절에 따라 얻는 꿀의 종류가 달라지는데 아카시아꿀, 싸리꿀, 유채꿀, 밤꿀, 메밀꿀 등 종류가 다양합니다. 종류에 따라 색깔과 맛이 제각

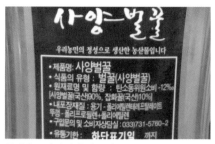
용기에 표기된 사양 벌꿀 성분

기 다른데 밤꿀은 쓴맛이 돌고 색깔이 검습니다. 또 꿀에는 꽃꿀과 사양 벌꿀과 사양 벌집꿀이 있습니다. '사양'의 의미는 '먹이를 주고 키운다', '사육하다'라는 뜻입니다. 꽃꿀은 자연 그대로인 꽃에서 벌들이 채취해 온 꿀을 말합니다. 반면 사양 벌꿀은 설탕을 벌들에게 먹이로 주어 만든 꿀입니다. 벌들은 설탕을 먹고 잠시 뒤 벌방에 다시 뱉어 냅니다. 결국 사양 벌꿀이란 꿀벌이 설탕을 먹고 벌집에 저장한 산물과 천연꿀이 혼합되어 생산된 꿀입니다.

식품의약품안전처에 따르면 사양 벌꿀은 '꿀벌의 생존을 위해 최소량의 설탕으로 사양한 후 압착해서 추출한 벌꿀'이고, 사양 벌집꿀은 '꿀벌의 생존을 위해 최소량의 설탕으로 사양한 후 벌집과 함께 통째로 채취한 벌집꿀'을 통칭한 것입니다. 꿀을 판매하는 사람에게는 모든 꿀에 품질표시를 해야 하는 의무가 있습니다. 꿀의 종류는 무엇이며 꿀이 얼마나 포함되었는지 등 누구나 쉽게 보고, 이해할 수 있도록 기재해야 합니다. 특히 사양 벌꿀의 경우 품질표시를 큰 글자로 명확히 표시해야 합니다.

품질표시를 볼 때에는 탄소동위원소 비율을 확인해 보는 것이 좋습니다. 탄소동위원소 비율은 벌꿀의 원료로 이용되는 식물군을 알 수 있는 값인데 진짜 꿀의 탄소동위원소비는 23.5% 이상입니다.

석청은 토종 야생벌이 해발 600~700미터의 바위틈에 집을 짓고 모은 꿀입니다. 꿀의 양에 따라 여왕벌이 산란의 숫자를 조절합니다. 1년에 한 번 채취하는 토종꿀보다 긴 세월 동안 수분이 증발하여 진하며 더 깊은 향이 납니다. 일반 꿀과 석청의 달콤한 맛은 비슷하지만 석청은 먹고 나면 입안이 얼얼하고 목구멍이 아픕니다. 이뿐만 아니라 비타민, 아미노산, 게르마늄, 칼슘, 무기질, 토코페롤 등 70여 가지의 인체에 꼭 필요한 필수 영양 성분을 다량으로 함유하고 있습니다.

양봉

이동식 양봉은 철 따라 꽃 따라 이동하며 벌을 기르는 것을 말합니다. 유채, 아카시아, 밤, 싸리 꽃이 활짝 핀 지역을 찾아다니며 연간 5~6회 꿀을 얻습니다.

이동식 양봉은 고대부터 이루어졌습니다. 기원전 7세기에 나일 강 유역 테베 지역에 있는 무덤의 벽화 그림에는 꿀단지로 추측되는 병이 있었습니다. 이 병은 포도주병과 모양이 비슷하고 벌집 모양이 그려져 있습니다. 이때부터 이미 양봉이 시작되었다고 볼 수 있습니다.

그 후로도 양봉하지 않은 야생 꿀을 채취

하는 관습은 수백 년 동안 계속 남아 있습니다. 꿀을 채취하기 위해서 군락 전체를 죽여 버리기도 했습니다.

그러나 벌은 엄청난 번식력을 가진 곤충입니다. 처음에는 야생벌이 만들어 놓은 벌집을 이용해서 양봉을 했습니다. 벌집이 있는 나무를 적당한 길이로 잘라서 옮겨 오면, 그 속에 있던 벌들이 평소와 다름없이 꿀을 모아 옵니다. 이른 여름과 늦여름에 꿀을 채취해 몇 년이고 꿀을 먹을 수 있습니다.

중세 이후에 남부 유럽과 독일의 양봉가들은 붉게 달군 쇠꼬챙이로 나무를 태워 구멍을 뚫은 후에 그 속에 엉성한 벌집을 넣어서 벌을 키웠습니다.

프랑스 남부에서는 갈리아어를 쓰기 시작했던 500여 년 전부터 코르크 떡갈나무로 만든 벌집을 써 왔습니다. 나무를 구하기 어려웠던 초원 지역의 유목민들은 쉽게 옮겨 다닐 수 있도록 얇은 풀로 짠 벌통을 썼고, 켈트인들도 비슷한 벌통을 썼습니다. 곧 이어서 벽에 벌통을 고정시키는 방법이 개발되었고, 그 뒤에는 틀을 넣은 벌통과 여러 구멍을 뚫은 벌통도 개발되었습니다.

색깔이 물처럼 맑을수록 좋은 꿀

유럽의 경우, 스페인, 헝가리, 그리스의 꿀을 제외한 모든 꿀은 유럽 연합의 엄격한 규제를 받고 있습니다. 포도주의 경우와 마찬가지로 제품의 품질을 보장하는 법이 제정되어 있습니다. 좋은 꿀은 값이 비싸며, 상표에는 양봉에 사용된 꽃의 종류와 원산지, 수확법은 물론 벌통에서 짜낸 후에 어떤 공정을 거쳤는가를 표시해야 합니다. 5월에서 7월 사이에 처음 피는 꽃에서 채취한

물처럼 맑은색(Water White)	아카시아, 사과꿀 등
아주 맑은색(Extra White)	클로버, 칠엽수, 오렌지, 자운영꿀 등
맑은색(White)	유채, 피나무, 해바라기꿀, 싸리꿀 등
아주 연한 호박색(Extra Light Amber)	유칼리, 목화, 옻나무꿀 등
연한 호박색(Light Amber)	잡화꿀
호박색(Amber)	잡화꿀
암갈색(Dark)	메밀, 밤나무 등의 잡화꿀

색깔별 벌꿀 등급

꿀이 가장 좋고, 늦여름에 채취한 꿀은 품질이 떨어집니다. 우리나라 사람들이 가장 많이 찾는 아카시아 꿀은 꽃이 5월 중에 개화되고 채취할 수 있는 기간이 10일 정도로 짧으며 색은 투명하고 맑으며 맛이 부드럽고 은은한 향이 납니다. 세계적으로 최고급품으로 인정하는 건 '아카시아 꿀'같이 물처럼 맑은 색깔의 꿀입니다. 한국양봉협회에서도 꿀의 색깔에 따라 꿀의 등급을 매기고 있습니다.

지구상에서 가장 오랫동안 생존한 곤충인 꿀벌로부터 얻어지는 꿀, 프로폴리스, 로열젤리와 밀랍은 신비한 물질이자 신비의 영약입니다. 인류의 영원한 에너지원인 꿀에는 각종 비타민과 미네랄 그리고 다량의 효소가 있기 때문에 인간의 건강에 좋을

뿐 아니라 노화를 늦춰 줍니다. 또한 식물이 외부 상처로부터 자신을 지키기 위해 만드는 보호 물질인 수지를 채취해 만드는 프로폴리스는 벌집을 외부 균으로부터 지켜 주는 중요한 역할을 하고 있는데, 이는 우리 인간에게도 유용한 항균제로 쓰이고 있습니다. 로열젤리는 벌의 애벌레가 먹는 일종의 이유식으로 로열젤리를 먹는 기간에 따라 벌의 수명이 달라집니다. 밀랍은 벌집의 주성분인데, 이는 꿀벌의 배마디에 있는 밀선에서 분비되어 여기에 꿀벌의 침과 효소, 프로폴리스를 섞어 벌집을 만듭니다. 예로부터 인류는 벌집의 주성분인 밀랍을 채취해 약재와 양초를 만드는 등 다양하게 활용해 왔습니다.

5부

삶을 풍요롭게 만든 음식

1. 간이 접시로 쓰였던 피자 이야기

피자는 나라와 인종을 가리지 않고 가장 인기 있는 대중 음식입니다. 이탈리아 남부의 가난한 사람들이 먹던 한 끼 식사는 오늘날 젊은이를 대표하는 아이콘이 되었습니다. 세계인 누구에게나 사랑받는 음식이 되는 과정은 한 편의 드라마였습니다.

18세기 항구 도시 나폴리에는 수많은 빈민들이 모여들었습니다. 가난한 사람들은 아침 식사나 점심 식사로 노점에서 파는 피자를 사 먹었습니다. 어부들도 배를 타러 나가기 전 피자로 허기를 채웠고, 이들을 위한 '어부 피자'가 생겨났습니다.

오늘날과 같이 매력적인 패스트푸드가 아니라 집안에 변변한 조리 시설이 없어서 그저 한 끼를 때우기 위해 사 먹어야 하는 초라한 노점 식사였습니다. 노점상들은 기름을 바른 도마와 피자를 들고 다니거나 간이 탁자를 펼쳐 놓고 조각으로 잘라 팔았습니다. 아침 식사용 조그만 피자 조각은 1페니, 점심 도시락으로는 제법 큰 것은 2페니였습니다. 그나마도 형편이 안 되는 사람들은 외상으로 피자를 사 먹었습니다. 이렇게 형편에 맞춰 작은 조각으로도 살 수 있는 피자는 가난한 사람들의 삶을 지탱해 주는 소중한 음식이었습니다.

먹을 수 있는 빵 그릇, 피타

피타 빵은 효모로 밀가루를 발효시켜 만든 원형의 넙적한 빵으로 고대 시리아에서 유래되었습니다. 시리아 사람들은 이 빵을 그릇 삼아 그 위에 음식을 올려놓고 먹었습니다. 로마인들이 에트루리아인들과 그리스인들의 빵 만드는 기술을 접목하여 빵을 만들었는데, 그 형태는 현대의 피자와 비슷합니다. 곧 에트루리아인들로부터는 아래로부터 뜨거운 열을 가해 반죽을 굽는 방법을, 그리스인들로부터는 반죽을 굽기 전 미리 올리브 오일, 마늘, 양파, 허브 등 토핑을 올리는 조리법을 이어받아 오늘날의 피자와 비슷한 요리를 만들어 낸 것입니다.

이탈리아에서도 고대 로마 시절부터 빵을 그릇 삼아 그 위에 여러 음식을 올려놓고 먹는 전통이 있었습니다. 당시에는 청동 그릇을 사용했습니다. 청동 그릇은 무거운 데다가 귀했기 때문에 아무나 사용할 수 없었습니다. 그래서 서민들은 자연스럽게 빵으로 만든 그릇에 음식들을 덜어 먹었습니다. '플라첸타'라는 음식이 대표적입니다. 얇고 넓적한 빵 위에 치즈, 꿀, 월계수 잎을 올려 만듭니다. '토르타'라는 음식도 있습니다. 둥글고 납작한 빵 포카치아 위에 각종 야채나 버섯을 올리고 허브, 소금, 올리브 기름을 뿌려 먹습니다.

참고로 유럽에서는 17세기 중반까지 큰 접시에 담은 음식을 함께 손으로 집어 먹었습니다. 음식을 먹고 나면 핑거볼의 물로 손을 씻고 수건으로 닦는 것이 식사 양식이었습니다.

큰 접시는 대부분 청동이나 도자기로 만들었고, 금이나 은으로 만든 것도 있었습니다. 레오나르도 다빈치나 같은 시대의 화가가 그린 식사 광경 그림을 살펴보면 고기를 자르는 나이프를 발견할 수 있지만, 포크나 스푼은 찾아볼 수 없습니다. 유럽에서 손으로 먹는 식사법에서 나이프, 포크, 스푼의 식사법으로 완전히 바뀐 것은 18세기 중반부터였습니다. 포크는 16세기 무렵 이탈리아에서 처음 사용하였으며 이것이 북방으로 전파되었고, 반대로 스푼은 북유럽에서 생겨나 남쪽으로 전해졌습니다.

피자의 신앙, 빵과 토마토, 치즈의 삼위일체

나폴리의 빈민 음식으로 탄생한 피자는 둥글납작한 빵 위에 간단한 양념을 얹은 것이었습니다. 가장 싼 피자는 빵 위에 마늘과 소금, 돼지기름 조각 등을 올린 것인데, 빵과 토핑들이 모두 하얀색이라 '피자 비앙카(화이트 피자)'라 불렸습니다. 나중에는 더 비싸고 고급스러운 토핑, 예를 들어 바질 같은 채소나 치즈, 생선 등을 올린 피자들이 나오기 시작했습니다.

나폴리 사람들은 오늘날 피자 하면 떠오르는 토마토 토핑을 최초로 고안해 냈습니다. 피자에 토마토와 더불어 모차렐라 치즈가 토핑으로 올라가면서 한층 맛이 좋아졌습니다. 이 피자는 나중에 유명한 마르게리타가 됩니다. 이렇게 치즈는 18세기 후반부터 피자에 본격적으로 사용되었습니다.

나폴리 지역을 넘어 이탈리아 전국으로

19세기에 나폴리를 중심으로 피자가 발전한 데는 당시 이 지역을 통치했던 스페인 부르봉 왕조의 페르디난도 1세와 마리아 카롤리나 왕비의 역할이 컸습니다. 왕비는 입맛이 소박해 서민 음식인 피자를 좋아했습니다. 궁궐에서 왕비가 피자를 좋아한다는 사실이 국민들에게 널리 알려지면서 귀족이나 일반 백성들에게도 피자의 인기가 높아졌습니다. 집에 피자 오븐을 직접 들여놓는 귀족들이 생겨났습니다.

그 뒤 피자가 이탈리아의 국민 음식이 되는 데는 한 상징적인 사건이 있었습니다. 1889년 나폴리를 방문한 사부아 왕가의 움베르토 왕과 마르게리타 왕비는 이탈리아 요리를 맛보고 싶어 했습니다. 그래서 이들에게 바칠 특별

마르게리타 피자

한 피자가 준비되었습니다. 토마토와 모차렐라, 바질을 얹어 초록, 하양, 빨강으로 된 이탈리아의 국기를 상징하는 피자를 만들었습니다. 왕과 왕비는 여러 음식들 가운데 이 피자를 선택했습니다. 그 뒤 왕비의 이름을 따서 이 피자를 마르게리타 피자라 불렀습니다. 이탈리아 통일 기운이 높아지던 시대의 흐름과도 절묘하게 맞았던 이 피자는 이탈리아 사람들에게 가장 사랑받는 국민 피자가 되었습니다.

최초의 길거리 패스트푸드에서 국민 음식으로 재탄생

피자를 제대로 굽기 위해서는 나무를 때는 오븐이 필요했기 때문에 사람들은 주로 집에서 피자를 만들기보다는 사 먹었습니다. 19세기 나폴리 거리에는 피자 노점상이 흔했습니다. 피체리아라고 불리는 화덕을 갖춘 최초의 피자 전문점은 1830년 나폴리에 문을 연 '포르트 알바'로 지금도 성업 중입니다. 피체리아로 인해 짧은 시간에 피자를 구울 수 있게 되었고, 사람들은 저렴한 가격에 피자를 맛볼 수 있

최초의 피자 전문점, 포르트 알바

게 되었습니다. 이후 빠르고 저렴한 피체리아의 특성은 피자 대중화에서 중

요한 요소로 작용했습니다.

이탈리아 남부 항구도시의 서민 음식인 피자는 19세기 이후 이탈리아의 통일 과정에서 전국으로 퍼져 나가기 시작했습니다.

미국으로 건너가면서 세계인의 음식으로

피자가 세계적인 음식으로 변모한 데에는 미국의 역할이 컸습니다. 19세기 후반 나폴리, 시칠리아 등 남부 이탈리아인들이 미국으로 대거 이주했습니다. 이들이 모여 살던 뉴욕, 보스턴 등 북동부 대도시들에 피자집이 생겨났습니다. 미국 최초의 피자 전문점은 1905년 맨해튼 스프링 가에서 문을 연 '롬바르디'였습니다. 초기의 단골손님들은 피자로 향수를 달래고픈 이탈리아 이민자들이었습니다. 이민자들 외에도 제2차 세계대전 후 이탈리아 전선에서 싸우고 돌아온 병사들에 의해 피자가 알려지면서 널리 퍼지기 시작했습니다.

이 새로운 소비층은 미국뿐 아니라 이탈리아의 피자 역사까지 바꿔 놓습니다. 이탈리아를 찾은 미국인 관광객들이 피자를 찾았습니다. 이들의 요구에 맞춰 피자집이 이탈리아 전국에 들어섰습니다. 자연스럽게 로마, 밀라노, 피렌체 등 북부 지역 사람들도 피자를 알게 됐습니다. 특히 미국 문화를 선망하던 젊은 층을 중심으로 하여 1960~70년대 무렵 피자는 이탈리아의 국민 음식이 되었습니다. 미국에서는 1950년대 이탈리아계 가수 프랭크 시나트라와 야구선수 조 디마지오가 피자광이었는데, 이들을 우상으로 여겼던 팬들이 덩달아 피자를 찾으면서 미국에 피자가 퍼져 나갔습니다.

이후 피자 체인점들이 본격적으로 생겨나 피자는 외식사업이 성공적 메뉴로 정착했습니다. 1954년 셰이키스를 비롯해 1958년 피자헛, 1959년 리틀 시저스, 1960년 도미노 피자 등이 잇따라 문을 열었습니다. 1960년대 이후 피자는 미국인의 주식 가운데 하나로 자리 잡았습니다.

선진 미국 문화를 동경하던 아시아를 비롯한 여러 나라들에서도 피자의 인기가 높아져 불과 50년도 안 되어 피자는 세계에서 가장 많이 먹는 음식의 하나가 되었습니다.

우리나라에는 1945년 미군들에 의해 소개됐습니다. 대중들은 신문에서 처음으로 피자라는 이름을 접했습니다. 「동아일보」는 1967년 6월 30일 자 기사에서 대통령 취임식 준비 중 국빈 대접을 위해 준비한 양식 안주 가운데 하나가 '피자 파이'라고 전했습니다.

1980년 전후로 피자는 서양 음식의 대표 주자로 알려져 주로 간단한 서양식 요리를 파는 경양식집의 메뉴에 포함되었습니다. 경양식집에서는 이탈리아 전통 음식이라는 사실을 강조했지만, 실제로 판매한 것은 미국식 피자였습니다. 이때까지만 해도 피자는 술안주, 과자, 간식, 간단한 끼니 대용식 등 다소 가벼운 음식이었습니다. 1984년에 최초의 이탈리아형 피자집이 문을 열었으며, 이듬해 피자헛이 점포를 열면서 본격적인 대중화의 길을 걸었습니다.

보잘것없는 서민 음식에서 세계인이 즐겨 먹는 음식으로의 변신할 수 있었던 이유는 바로 피자 요리가 변화무쌍해졌기 때문입니다. 피자 만드는 방법

세종=세상을 바꾼 음식 이야기-8쇄 7A CYANMAGENTA BLACK

다양한 형태의 피자

은 반죽 위에 토핑을 올려 불에 굽는 방식으로 단순합니다. 구하기 쉬운 재료나 좋아하는 식재료를 넣는 등 그때그때 재료를 바꿔 가며 피자를 만드는 것도 가능합니다. 크기나 두께도 다르게 만들기가 쉬워서 아이스크림처럼 한 손에 쥐고 먹는 피자 콘이나 파이 형태의 떠먹는 피자 등으로도 금세 변형이 가능합니다. 시대와 지역을 막론하고 대중들이 사랑하는 모습으로 탈바꿈하는 피자는 마음만은 변치 않는 최고의 연인입니다.

우리는 결혼식 등 주로 경사스러운 날에 국수를 먹는 풍습이 있습니다. 그만큼 국수는 우리 민족과 오랜 인연을 맺으며 좋은 추억을 함께한 음식입니다. 지금은 세계 곳곳에서 다양함을 선보이고 있는 음식이기도 합니다.

국수는 흔히 밀가루를 사용하기 때문에 '면(麵, 밀가루 면)'이라고 합니다. 면 요리는 제조나 조리가 비교적 간단해 빵보다도 먼저 먹었습니다. 국수에 대한 기원에는 여러 설이 있는데, 그중에서도 중국 황허 유역의 유적지에서 발굴된 4,000년 전에 화석화된 국수가 가장 오래된 것으로 추정되고 있습니다. 이후 중국에서 국수가 널리 퍼진 시기는 기원전 3세기 한나라 때부터였으며, 그 뒤 위진 남북조 시대로 넘어오면서 면발의 모양과 종류가 다양해졌습니다.

면 제조 방법에 따라 분류하면, 반죽한 밀가루를 손으로 치대고 늘려 가늘게 만드는 '수타면'이 가장 오래되었습니다. 주로 소면을 만들 때 이 방법을

씁니다. 그다음으로 탄생한 게 '절면'입니다, 밀가루 반죽을 얇은 판 모양으로 펼쳐서 칼로 잘라 만든 면으로, 일명 칼국수도 절면의 일종입니다. 비교적 나중에 개발된 것이 국수틀을 사용해 뽑는 '압면'입니다. 이 방법은 냉면이나 스파게티 국수 제조에 흔히 사용됩니다.

유럽의 국수, 파스타

한편, 유럽 국수인 파스타는 어디서 전해진 건지 명확한 증거를 찾기 어렵습니다. 『동방견문록』의 저자 마르코 폴로가 원나라 황제 쿠빌라이 칸이 면 요리를 먹는 걸 보고, 이를 1295년경 베네치아로 들여왔다는 설이 있습니다. 하지만 그보다 먼저 이탈리아 제노바에서 폰지오 바스토네라는 사람이 마카로니 상자를 유산으로 남긴 기록이 발견되어, 이탈리아에서는 그 이전부터 반

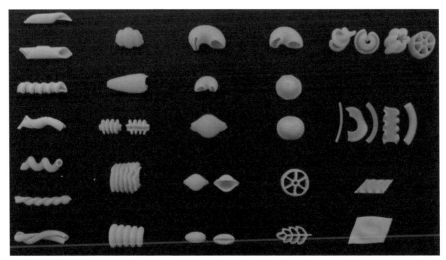
여러 종류의 파스타

죽 형태로 마카로니 등 파스타를 만들어 먹었던 것으로 추정되고 있습니다.

지금 같은 국수 형태의 파스타는 아랍 상인들이 고안한 것입니다. 이들은 사막을 횡단하는 긴 시간 동안 운반과 저장이 쉽도록 밀가루 반죽을 얇게 밀어 말린 건조 파스타를 개발했습니다. 이 파스타는 11세기 아랍인들이 시칠리아를 점령하면서 시칠리아와 제노바를 왕래하던 무역상들에 의해 이탈리아에 전파되었습니다.

당시만 해도 이탈리아 일부 지역 사람들이 해 먹던 파스타가 이제는 전 세계인들이 즐겨 먹는 요리가 되었습니다. 18세기 이전만 해도 파스타는 버터와 치즈에 버무려 손으로 집어 먹었던 서민 음식이었습니다. 그 뒤 포크가 발명되고 파스타가 신대륙의 토마토를 만나면서, 극적인 전환점을 맞이했습니다. 포크를 사용하여 파스타를 격식에 맞춰 먹을 수 있게 되면서 대중화되었고, 토마토소스 사용으로 대중의 입맛을 사로잡으며 소비도 늘어났습니다. 무엇보다 파스타가 해외로 널리 전파된 건 19세기 말 고국을 떠나 여러 나라에 정착한 이탈리아 출신의 이민자들 덕분이었습니다.

비슷하지만 다른 모습의 면 요리

유럽의 파스타처럼 아시아에서도 먹기 간편한 국수는 예로부터 사랑받는 음식이었습니다. 구체적으로 어느 시기에 어떤 경로로 전파된 건지는 명확하지 않아도 세계 곳곳에서 동일하게 국수의 형태를 즐겨 먹고 있는 것은 참 신기한 일입니다.

면 요리는 지역마다 다양하게 조리되고 있습니다. 중국 춘장으로 볶은 양념을 국수에 비벼 먹는 한국식 자장면은 북경 전통 국수인 중국의 자장면과는 그 맛부터 확연히 차이가 납니다. 우리 자장면은 짠맛의 중국 자장면과 달리 춘장에 단맛을 더한 것으로 인천의 '공화춘'이라는 식당에서 최초로 선을 보였습니다. 1883년 인천 제물포가 개항되던 시기에 중국 노동자들이 이곳으로 건너와 일했는데, 산둥 성 출신 요리사들이 중국 노동자들이 만들어 먹던 면을 한국인의 입맛에 맞게 변형해 요리한 것이 자장면의 시초입니다.

일본에선 당나라로부터 밀과 우동 제면 기술이 들어온 이후 밀가루에 대한 새로운 인식이 생겨나면서 면 요리가 발전해 나갔습니다. 그 뒤 밀가루 도입이 수월해지자, 찌고 굽고 튀기는 조리 기술이 발전해 13세기부터 일본의 면

문화는 우동과 소바, 양대 음식으로 발전했습니다. 특히 관서 지방은 우동, 관동 지방은 소바(메밀국수)로 유명합니다. 이처럼 일본에서 가루로 만든 음식 문화가 발달한 까닭은 일본 정부가 쌀이 부족한 환경에서 다양한 방법으로 곡류를 섭취하도록 장려했기 때문입니다.

우리가 즐겨 먹는 라면은 중국 북방의 '납면'이라 불리는 국수에서 비롯되었습니다. 메이지유신 직후 1870년대 일본에 들어온 중국인들이 노점에서 만들어 팔기 시작한 것이 시초였습니다. 일본 전체가 굶주림에 시달리던 당시 안도 모모후쿠라는 사업가가 식량난으로부터 사람들을 구제하기 위한 방안으로 튀긴 면을 개발했는데, 그것이 바로 라면입니다. 이 라면이 우리나라에 상륙하던 당시만 해도 맛이 밋밋해 사람들이 외면했습니다. 그러던 것이 한국인 입맛에 맞추어 맵고 짠 양념이 더해지면서 지금의 라면으로 재탄생했습니다.

반면에 동남아시아 면 요리는 상대적으로 짧은 역사를 가지고 있습니다. 국수가 동남아시아 지역으로 전파된 것은 19세기 이주한 화교들이 제면 기술을 전하면서부터입니다. 정착한 화교의 출신지에 따라 국수도 다르게 발전했습니다. 태국과 베트남은 차오저우, 말레이시아와 싱가포르는 푸젠 성과 광둥 지방의 영향을 받았습니다. 밀이 생산되지 않는 동남아에서는 주로 쌀로 만든 면을 뜨끈한 육수에 담아내거나 기름에 볶는 방식으로 면 요리를 해 먹었습니다.

이처럼 국수 요리는 친숙한 서민 음식으로 전 세계에서 널리 인기가 있습

중국의 도삭면, 싱가폴의 커리 락사, 판메밀 국수, 태국의 당면 요리인 얌운센(왼쪽 상단부터 시계 방향)

니다. 지방마다 대중 요리로서 면 요리가 두각을 보이게 된 데는 단연 중국의 영향이 컸습니다. 유럽에선 이탈리아가 파스타 하나로 지금까지 세계인의 입맛을 사로잡고 있는 것을 보면, 인류는 보편적으로 면 요리를 좋아하는 것 같습니다.

맥주는 보리를 효모로 발효시켜 만든 술입니다. 기원전 6000년경 메소포타미아 남부의 수메르 사람들에 의해 와인보다 먼저 탄생했다는 것이 현재 정설로 받아들여지고 있습니다.

　고대 수메르인들은 댐을 만들던 일꾼들에게 맥주를 물처럼 마시도록 제공했다고 합니다. 그 무렵 맥주는 여러 곡물을 집어넣고 담근 술로 걸쭉한 죽과 같았습니다. 발효된 맥주에서 곡물을 거르지 않고 먹었기 때문에 "마시는 빵"이라고 부를 정도였습니다. 각종 비타민과 미네랄, 아미노산이 풍부하여 식사 대용으로도 충분했다고 합니다. 이 죽 형태 맥주는 바빌로니아 맥주를 가리킵니다. 실제로 당시에는 발효가 끝난 후에 밀가루를 더 넣어 다시 한번 더 발효시켰습니다. 이런 맥주를 이용해서 부푼 케이크나 빵을 만들기도 했습니다.

이집트에서는 5,000년 전부터 맥주가 국민 음료로 애용됐습니다. 실제로 맥주는 고대 이집트 신화에서 최고신 오시리스가 인간들에게 준 선물이라고 기록되어 있습니다. 이집트 고왕국 시대 벽화에는 구운 빵, 말린 포도로 만든 효모, 맥아를 사용해 맥주를 담그는 장면의 그림이 있습니다.

히브리 민족도 이집트에 기거할 적에 맥주 제조 기술을 습득하여 후에 가나안 지방에 맥주 양조장을 세웠습니다. 훗날 기원전 6세기 바빌론의 네부카드네자르 왕은 예루살렘을 점거해 유대인 포로들을 바빌론으로 데려가 맥주 제조에 힘쓰게 했습니다.

쌉쌀한 맥주 맛의 원천, 홉

중세에 맥주는 귀족에서부터 농민들까지 일터나 의례 자리에서 일상적으로 접하는 음료였습니다. 16세기까지 싹이 튼 곡물 맥아로 만든 술을 모두 맥주라고 불렀습니다.

뽕나뭇과 식물인 홉

오늘날과 같은 쌉쌀한 맥주는 16세기 이후부터 '홉'을 넣기 시작하면서 깊은 맛으로 거듭납니다. 최초로 홉을 첨가해 맥주를 만든 것은 12세기 루페르츠베르크 수녀원의 힐데가르트 원장입니다. 의학에 조예가 깊었던 그녀는 홉에 대한 책까지 썼습니다. 우리가 흔히 '호프'라고 말하는 홉은 맥주 특유의 맛과 향, 거품을 만들고 맥주의 부패를 방지하고 보존성을 높여 주어 점차 홉의 중요성이 부각되었습니다.

이후 '맥주의 영혼'이라는 홉은 독일의 수도원에서 사용되기 시작했습니다. 오늘날 맥주의 독특한 풍미는 뽕나뭇과 식물인 홉에 있다 해도 과언이 아닙니다. 18세기에는 영국에 '펍'이라 불리던 술집이 등장하면서 맥주는 여가를 즐길 때나 정체성의 동질감을 확인할 때 마시는 대표적인 음료로 자리 잡았습니다.

물 대신 마시는 맥주

14세기 유럽에서 포도주와 맥주는 물 대신 마시는 음료였습니다. 정수 시설이 없었던 때라 물을 그대로 마시면 위험했는데 맥주는 만들 때 물을 끓여서 넣기 때문에 전염병을 막아 주는 역할을 했습니다.

도시나 농촌 할 것 없이 보통 한 사람이 하루에 2~3리터의 포도주나 맥주를 마셨습니다. 16세기 영국 가정에서는 하루에 1인당 3리터의 맥주를 마셨습니다. 당시에는 소금에 절인 음식을 많이 먹어 갈증이 심했습니다.

또한 맥주는 취하기 위한 음료라기보다 식사 때 곁들여 먹는 음식으로, 부족한 영양분을 보충하는 목적으로 섭취했습니다. 맥주 효모에는 단백질과 탄수화물, 식이섬유, 지방 등이 포함되어 있습니다.

맥주의 진화

오늘날의 맥주로 발전하게 된 시기는 중세 시대입니다. 로마 제국이 기독교를 전파하면서 수도원이 많아졌고, 자연스레 그곳에 모인 지식층들은 보리 품종을 개량하고 양조 기술을 연구하였습니다.

게다가 사순절 동안 금식해야 하는 수도사들은 하루 한 끼 작은 빵 하나로 버텨야 했는데 다행히 맥주는 허용되었습니다. 이것이 수도사들이 좋은 맥주 만들기에 진력한 이유 중의 하나였습니다.

처음에 맥주는 귀족들의 음료였지만, 길드 제도가 생긴 이후부터는 서민들도 즐길 수 있게 되었습니다. 길드의 음주 문화는 위계질서가 엄격했습니다. 장인과 도제들은 중요한 결정을 내린 후, 소속감을 다지기 위해 잔뜩 취할 때까지 맥주를 마셨습니다.

독일의 수도원을 중심으로 발전한 맥주는 전문 맥주 양조업자가 생겨나면서부터 쇠퇴하기 시작했습니다. 전문 양조업자들은 더 독특한 맥주를 만들기 위해 맥주에 각종 약초 등을 넣었습니다. 개중에는 더욱 빨리 취하게 하기 위해 독초를 넣는 경우도

맥주를 양조하는 15세기 뉘른베르크의 수도사

피터르 브뤼헐 2세, 〈주막 밖에서 즐기는 농부들〉, 1630년

있어 사람들은 점차 건강상의 문제를 의심하게 되었습니다.

1598년 바이에른 공화국의 빌헬름 4세는 '맥주 순수령'을 공포했는데, 맥주를 양조할 때 보리와 홉, 효모, 물 이외에 어떤 것도 첨가하지 말라는 것이었습니다. 까다로운 그 법 덕분에 독일은 오늘날 맥주의 메카로 자리 잡게 되었습니다.

서민의 애환과 더불어 사랑과 예술의 뒤편에는 어김없이 맥주가 있었습니다. "책은 고통을 주지만 맥주는 우리를 즐겁게 한다. 영원한 것은 맥주뿐!" 괴테의 시에 나오는 구절입니다. 대문호도 독서보다 맥주 마시기를 즐겼습니다. 셰익스피어 역시 극작가 시절에 맥주를 즐겨 마셨다고 합니다. 그는 맥주잔을 앞에 놓고 대본을 썼다고 합니다. 셰익스피어의 맥주 사랑을 기념해 미국에서는 '셰익스피어 오트밀 스타우트'라는 이름의 흑맥주가 출시돼, 맥주 애호가들의 사랑을 받고 있습니다. 맥주는 각 나라마다의 고유한 특성을 가진 음료로 발전했습니다.

효모란 무엇일까?

효모는 빵이나 맥주, 포도주를 만드는 데 사용되는 미생물입니다. 효모는 곰팡이나 버섯 무리이지만 균사가 없고 광합성 능력이나 운동성도 없는 단세포

생물을 말합니다. 효모(yeast)의 어원은 그리스어 'gyst'로 '끓는다'는 뜻입니다. 이는 발효 중에 이산화탄소가 생겨 거품이 생기는 것에서 비롯되었습니다. 효모는 대부분 토양 속에 살지 않고 꽃의 꿀샘이나 과실 표면과 같은 당 농도가 높은 곳에 살고 있으며 당을 발효시켜 에탄올과 이산화탄소를 생산하는 능력을 갖춘 것이 많습니다. 이 성질 덕에 맥주 제조나 빵의 발효에 사용됩니다. 효소의 어머니라는 뜻에서 '어미 母' 자를 써서 효모(酵母)라고 하며 이 효모 속에 효소가 들어 있습니다.

이에 비해 효소는 생물체 내의 촉매를 말합니다. 생명체가 아니므로 효소는 효모와 같은 증식을 하지는 않는 반면 화학반응을 일으켜 촉매 작용을 합니다. 우리 인체를 포함한 생물체의 몸속에서 생리 활성을 촉진하는 생명의 촉매입니다. 단백질로 구성돼 있는 효소의 기본 작용은 몸속 음식물을 소화시켜 영양분으로 만들어 신진대사를 돕습니다.

누룩은 술 만드는 효소를 갖는 곰팡이(효모)를 곡류에 번식시킨 것입니다. 우리 선조들은 보리 썩힌 것을 누룩이라 하고 곡식의 싹을 틔운 것을 맥아, 싹을 좀 길게 키운 것을 엿기름이라 했습니다.

맥주 양조 기술의 발전

맥주 양조 기술은 19세기 산업 혁명 시기에 비약적으로 발전했습니다. 영국의 제임스 와트가 만든 증기기관은 맥주 양조에도 혁신을 불러일으켰습니다. 맥아의 분쇄, 맥즙의 교반, 물 이송 등에 동력을 사용할 수 있게 해 맥주의 대

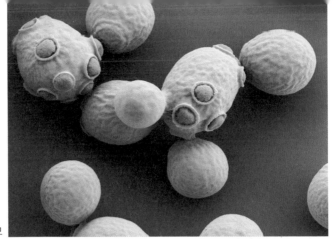

맥주 효모

량생산을 가능하게 했습니다. 또한 독일의 카를 폰 린데는 냉동기를 발명해 겨울에만 만들 수 있었던 발효 맥주를 계절과 관계없이 양조할 수 있도록 했습니다.

프랑스의 루이 파스퇴르는 열처리 살균법을 발명해 효모를 제거함으로써 맥주의 장기 보관이 가능해졌습니다. 그리고 덴마크의 에밀 한센은 파스퇴르의 이론을 응용해 효모의 순수 배양법을 개발하면서 맥주의 품질을 한 차원 높였습니다.

기네스 맥주와 기네스북

기네스 흑맥주의 진한 루비색의 비결은 바로 구운 보리에 있습니다. 기네스는 아일랜드가 자랑하는 대표 흑맥주입니다. 아일랜드 최대 명절인 3월 17일 성 패트릭 데이에는 기네스 맥주로 축배를 들며 퍼레이드를 즐깁니다. 기네스 하면, 사람들은 맥주와 더불어 '기네스북'을 떠올립니다. 기네스의 창시자

인 아서 기네스의 4대손인 휴 비버 경은 어느 날 사냥을 즐기던 중 검은가슴물떼새라는 물새가 워낙 빨라 단 한 마리도 사냥하지 못하고 동행했던 친구들에게는 망신만 당했습니다. 그날 저녁 그는 친구들과 유럽에서 가장 빠른 새가 어떤 새인지 논쟁을 하게 됩니다. 그러나 그 새에 대한 자료가 없는 것을 알고, 이렇게 특이한 기록을 모아놓은 책도 사업 아이템이 될 수 있음을 깨닫습니다. 그는 기록왕으로 알려진 맥허터 형제를 편집인으로 의뢰해 그들과 함께 세계 최고기록을 모아 1955년 『기네스북』을 발간했습니다.

인류 최초의 술인 맥주는 현대인에게도 가장 보편적이고 인기 있는 술로 자리매김했습니다. 하루의 일과를 끝내고 또는 운동 후 등 여러 상황에서 편하게 마실 수 있는 친구 같은 술이 맥주입니다. 이제 맥주는 단순히 마시는 데 그치지 않고 서로 간의 정감을 나누는 데 필요한 교감제 노릇을 톡톡히 하고 있습니다.

4. 신비롭고 성스러운 와인 이야기

유럽에서는 식사 때 와인을 곁들입니다. 와인은 다른 술과는 달리 제조 과정에서 물이 전혀 첨가되지 않으면서도 알코올 함량이 적고, 유기산, 무기질 등이 파괴되지 않은 포도 성분이 그대로 살아 있는 술입니다.

인류가 언제부터 와인을 만들기 시작했는지는 아무도 모릅니다. 그러나 고고학적 유물이나 벽화를 보면 와인은 선사 시대부터 존재해 왔음을 알 수 있습니다. 포도나무의 원산지는 카스피 해와 흑해 사이의 캅카스 남부 지방으로 알려져 있습니다. 우연하게도 이곳은 노아가 홍수가 끝난 뒤 정착했다는 아라라트 산 근처로 성경 구절과 일치하는 곳입니다.

구약성경 창세기 9장에는 "방주에서 돌아온 노아가 농업을 시작하여 포도나무를 심었더니 포도주를 마시고 취하여 그 장막 안에서 벌거벗은지라, 가나안의 아비 함이 그 아비의 하체를 보고 밖으로 나가서 두 형제 셈과 야벳에게 고하매 이들이 옷을 취하여 자기들의 어깨에 메고 뒷걸음쳐 들어가서 아

미켈란젤로, 〈노아의 만취〉, 1509년. 바티칸 시스티나 예배당 천장 일부

비의 하체에 덮었으며, 그들이 얼굴을 돌이키고 그 아비의 하체를 보지 아니하였더라"라는 구절이 있는데, 미켈란젤로는 이 이야기를 하나의 그림에 동시에 묘사했습니다.

커다란 포도주 통이 놓여 있는 막사 안에 노아가 취해 있고 그 앞에 세 아들이 서 있습니다. 밖에는 '씨를 뿌리고 거두어들이는 일에, 덥고 춥거나, 여름이나 겨울이나, 낮과 밤을 끊이지 않는' 농사를 짓는 노아의 모습이 보입니다.

다마스쿠스의 남서쪽에서 발견된 유물 중에는 기원전 6000년경에 과일과 포도를 압착하는 데 사용했던 것으로 추측되는 압착기가 발굴되었습니다. 또 기원전 4000~3500년에 사용되었던 와인 항아리가 메소포타미아 유역의 그루지야 지역에서 발견되었고, 기원전 3500년쯤 사용된 포도 재배, 와인 제조

이집트 테베에 있는 제18왕조의 귀족 나크트의 무덤에서 발견된 포도 수확 장면

법이 새겨진 유물이 이집트에서 출토되었습니다. 포도 재배와 양조 기술을 본격적으로 발전시킨 것은 이집트인들이었습니다. 그 뒤 기원전 2000년 비빌론의 함무라비 법전에 와인의 장사 거래에 대한 내용이 기록되어 있습니다.

와인의 전파

캅카스 남부 지방이 원산지로 추정되는 포도나무는 이후 가나안을 비롯해 메소포타미아, 이집트, 그리스 등 여러 지역으로 퍼져 나갔습니다. 가나안 지방에 살던 사람들이 포도주와 올리브유를 최초로 지중해 지역에 수출하기 시작했고 그리스 지역에 포도나무와 올리브 나무를 이식한 것으로 보입니다.

그들은 선박 운반 중에 포도주를 담은 단지 윗부분에 올리브유를 부어 공기와의 접촉을 차단시켜 포도주가 상하는 것을 막았습니다. 이후 그리스인들 역시 와인의 양조법을 익혀서 무역을 시작했고, 이집트인들이 포도주를 오시리스 신에게 바쳤듯이 그리스 사람들은 포도주를 술의 신 디오니소스에게 바

폼페이 유적에서 발견된 포도주 단지와 모자이크

쳤습니다.

로마 시대에 와서는 디오니소스 이름이 바쿠스로 바뀝니다. 로마 제국은 이집트인들의 기술을 받아들여서 갈리아 지방, 곧 오늘날의 프랑스를 중심으로 포도나무를 심기 시작했습니다. 그 뒤 로마인들은 식민지로 지배하던 유럽 전역과 영국의 남부 일부, 지중해 연안에 포도밭을 만들고 와인 기술을 전수했습니다. 이것이 현재 유럽의 포도주 생산 기반이 되었습니다. 다만 영국은 기후 변화로 기온이 떨어지면서 포도 재배가 불가능해졌습니다.

로마 제국의 멸망 후 중세 시대의 와인 제조 기술은 수도원을 중심으로 보급되었습니다. 영국과 프랑스 간의 전쟁인 백 년 전쟁과 프랑스 혁명을 거치며 포도 경작 지역과 와인 산업 시스템에 변화가 생겼습니다. 16세기 이후에는 신대륙을 중심으로 아메리카 대륙과 호주, 칠레 등지에서도 많은 와인을 생산하게 되었습니다.

특히 18세기에는 병과 마개의 사용이 일반화되고 수송이 용이해지면서 와인의 보급도 크게 증가했습니다. 이때부터 수도승을 대신해 전문 와인 제조업자들과 상인들이 등장하게 됩니다. 와인이 널리 대중적으로 공급되기 시작하면서 품질에 따른 등급이 매겨졌으며 유럽뿐 아니라 신대륙에서도 와인의 수요가 급증했습니다. 이처럼 와인의 역사는 인류의 시작, 문명의 흐름과 관계가 있습니다.

미켈란젤로, 〈바쿠스와 어린 사티로스〉, 1496년경

와인을 만드는 원리, 알코올 발효

포도 과즙에는 인, 칼륨, 칼슘, 나트륨, 각종 비타민, 철, 회분, 단백질 등 많은 성분이 있습니다. 여기에 효모가 첨가되면 술이 만들어집니다. 효모는 평소 산소가 있는 환경에서는 호흡을 하지만 산소가 없는 환경에서는 유기물(당)을 분해시켜 알코올과 이산화탄소를 만들어 냅니다. 이것이 바로 발효 과정입니다.

아이스 와인을 만드는 포도

　이렇게 과일즙의 당분이 발효, 분해되어 술이 만들어지는 것입니다. 1킬로그램의 당이 발효가 되면 약 0.55리터의 에틸알코올과 300리터의 이산화탄소가 만들어집니다. 곧 과일이 갖고 있는 당의 절반 정도가 알코올로 변하는 것입니다. 결국은 과일즙의 당 농도를 변화시키면, 원하는 알코올 도수의 와인을 만들 수 있습니다.

　그래서 알코올 도수가 높은 아마로네 와인이나 아이스 와인은 제조 방법과 시기가 다릅니다. 이탈리아 베네토 지역의 특산물인 아마로네 와인은 포도를 수확 후 선반 등에 펼쳐 놓고 이듬해 1~2월까지 건조시킵니다. 이렇게 건포도처럼 수분이 빠져나간 포도는 당도가 농축되며 무게도 수확 직후에서 약 50%가 줄어듭니다.

반면 아이스 와인은 늦게까지 수확을 미루어 이듬해 2월경 포도 알갱이가 반 건조 동결되어 당분이 농축된 상태의 포도를 따서 언 상태로 압착해 포도주를 만듭니다. 아이스 와인이 비싼 이유는 보통 와인 한 병을 만드는 데는 1.5송이의 포도가 필요하다면 아이스 와인의 경우 자연 동결된 10송이의 포도가 필요하기 때문입니다. 아이스 와인은 도수가 높지 않은 대신 맛이 달달합니다.

와인 제조법

수확한 포도는 곧 기계에 걸어 껍실을 세서하어 파쇄힌 후, 포도즙을 통에 옮겨 발효시킵니다. 발효에는 온도가 중요합니다. 발효가 진행되면 가스가 괴어서 떠오릅니다. 이것이 포도즙에 거품층을 만듭니다. 그대로 두면 식초가 되므로 가끔 휘저어서 거품층을 없애 줍니다. 발효가 끝날 때까지는 3일에서 3주일이 걸리는데 이는 온도나 효모의 차이 때문입니다.

독일 뷔르츠부르크의 궁전의 지하 와인 저장소

술이 다 되면 통의 마개를 빼어 포도주가 자연히 흘러나오도록 합니다. 이것이 상등품입니다. 이보다 아래 등급의 와인은 통 속에 담은 찌꺼기를 압착하여 짜냅니다. 이렇게 모으고 짜낸 포도즙을 참나무통에 넣어 저장합니다. 저장하는 동안 몇 번은 포도즙을 빈 통에 옮겨서 침전물을 제거하여 숙성시킵니다.

포도주는 장기간 통에 넣어 두면 빛깔이 바래고 맛이 덜해지며 변질 위험도 있어 1~2년간 저장했다가 병에 옮겨 저장합니다. 효모균은 생물이므로 숙성이 계속됩니다. 저장할 때는 컴컴한 지하 저장소에 저장합니다. 저장 방식은 병을 옆으로 뉘어 두어 코르크가 언제나 젖은 상태로 있게 합니다. 그렇게 하는 이유는 코르크가 마르면 공기가 새어 들어가 술이 시거나 부패의 원인이 되기 때문입니다.

수도원과 와인

포도주는 고대 로마의 주요 상품이었습니다. 당시 로마의 식민지였던 프랑스, 스페인, 독일 남부에서 포도 재배가 이루어져 오늘날 유럽의 포도 재배 단지를 형성하게 되었습니다. 그러나 로마 제국이 쇠퇴하고 중세로 접어들면서 포도 재배와 포도주 거래도 주춤해졌습니다.

그 뒤에는 수도원을 중심으로 포도주의 전통이 이어졌습니다. 교회 의식에 꼭 필요한 음식이었기 때문입니다. 12세기에 들어 십자군과 수도원의 활발한 활동으로 포도주 산업이 다시 빛을 보게 되었습니다. 십자군은 중동에서 새로운 종의 포도나무를 들여왔으며, 수도원은 풍부한 노동력과 조직력을 바탕으로 포도를 재배하고 포도주를 생산했습니다. 당시에는 놀고 있는 땅도 많고 수도원은 세금도 면제되었기 때문에 교회 의식에 필요한 포도주를 충당하고도 많이 남았습니다. 수도원은 남는 포도주를 판매하여 상당한 수입을 거두어들였고 합리적이고 과학적인 관리 방법을 도입하여 근대 와인 제조의 기초를 확립했습니다.

와인의 용도

와인의 용도는 다양했습니다. 처음에 사람들은 자신들이 숭배하는 신에게 바치는 용도로 주로 사용했습니다. 성경에도 대홍수가 끝나고 노아가 포도나무를 심고 와인을 만들었다는 내용이 있습니다. 이뿐만 아니라 의식, 축제, 귀한 손님을 대접하는 자리 등에서도 중요한 내화의 매체로 활용하였습니다.

포도주는 순수 포도만을 발효하여 만든 술이기 때문에 도수가 낮고 향과 맛이 좋아 식사 때 늘 곁들였습니다. 특히 포도주는 알칼리성 음료로 산성화된 인체를 중화시켜 건강에 좋습니다. 이렇게 포도주는 오늘날과 같이 즐기기 위한 것이 아니라 식사 때 느끼한 음식을 중화시키고 부족한 영양분을 보충하는 목적으로 마셨습니다. 또한 병을 치료하기 위해서도 마셨습니다. 15~16세기 파리의 시립병원에서는 포도주를 강장제와 치료제로 사용하였고, 사람들 또한 술 자체를 치료제로 믿었습니다.

와인의 맛을 결정하는 요인들

인류는 오랜 시간 와인을 만들고 애용했습니다. 이 과정에서 와인의 맛을 결정하는 요소들을 찾고, 다양한 맛과 품질의 와인을 만들어 왔습니다. 아래와 같이 와인의 맛에 영향을 미치는 네 가지 요인이 있습니다.

첫 번째 요인은 포도 품종입니다. 레드 와인, 화이트 와인으로 나눕니다. 레드 와인은 적포도로 만듭니다. 떫고 텁텁한 맛이 특징입니다. 화이트 와인은 잘 익은 청포도나 적포도의 껍질을 걸러내서 만듭니다. 순하고 상큼한 맛을 갖고 있습니다.

두 번째 요인은 포도를 생산하는 생산지입니다. 생산지에 따라 밭의 고도, 토지의 경사, 일조량, 강의 유무, 숲의 유무 등이 다르므로 세분화해서 따집니다. 대표적인 좋은 와인 생산지로 프랑스에는 보르도, 부르고뉴, 샹파뉴가 있고 이탈리아에는 피에몬테, 토스카나가 있습니다.

세 번째 요인은 포도 수확 시기입니다. 그 이유는 프랑스, 독일, 이탈리아 북부 등 주요 와인 생산국은 연도별 일조량 등 기후 변화가 심하기 때문입니다.

네 번째 요인은 양조자입니다. 누가 만드느냐에 따라 같은 해, 같은 토양에서도 맛의 차이가 크게 납니다.

전식, 본식, 식후의 와인 종류

유럽의 식사는 보통 전식, 본식, 후식의 세 코스로 이루어져 있습니다. 후식 후에는 커피와 과자를 먹고 가끔은 마지막으로 코냑 등 식후주를 마시기도 합니다.

전식, 본식, 디저트 등에 따라 마시는 와인의 종류가 달라 각자의 자리에는 네 종류의 잔이 세팅되어 있습니다. 물 잔, 레드와인 잔, 화이트와인 잔 등이

양식 테이블 세팅

놓여 있습니다. 식전, 본식, 식후에 마시는 와인을 각각 아페리티프 와인, 테이블 와인, 디저트 와인이라 부릅니다. 식전에는 식욕을 돋우기 위해 보통 신맛이 나거나 달지 않은 와인을 마십니다.

테이블 와인은 음식과 같이 마시는 와인입니다. 함께 마시는 포도주의 맛에 따라 음식 맛도 다르게 느껴지게 되므로, 식사 음식과 잘 어울리는 맛을 지닌 포도주를 선택하는 일이 중요합니다. 일반적으로 고기 요리에는 강한 맛을 내는 적포도주가 잘 어울리고, 담백한 맛을 내는 생선 요리에는 백포도주를 내놓습니다.

식후주는 디저트와 같이 마시는 와인으로, 단맛이 나는 와인을 마십니다. 그리고 마지막으로 독한 과실주로 식사를 마무리하기도 합니다. 그 뒤 식탁에서 물러나 소파에 앉아 담소를 나눌 때는 보통 코냑을 마시며 대화를 나눕니다.

유럽인들이 좋아하는 선물, 와인

유럽인들은 와인 선물을 정말 좋아합니다. 집에서 파티를 열거나 손님 대접할 경우 초대받은 사람들은 대부분 와인을 들고 갑니다. 또 기념일 등에 좋아하는 와인을 선물로 받으면 무척 기뻐합니다. 특히 생일날 자기가 태어난 해의 와인을 선물 받는 것을 가장 큰 영광으로 간주합니다.

또 딸아이가 태어나면 그해의 와인을 몇 박스 사서 보관해 둡니다. 훗날 딸이 시집갈 때 피로연 자리에서 그 와인으로 하객들을 대접하는 것을 가장 훌륭한 축하연으로 알기 때문입니다. 그래서인지 유럽인들은 식사를 대접받을 때 얼마나 비싸고 좋은 음식으로 대접받았느냐가 아니라 얼마나 자신이 좋아하는 와인으로 대접받았는지를 성의의 척도로 여깁니다.

레스토랑에서 와인 즐기기

유럽 고급 레스토랑에 가면 와인 등급에 따라 와인 잔의 크기가 달라집니다. 고급 와인일수록 크리스탈 와인 잔의 크기가 커집니다. 그리고 소믈리에가 정성스럽게 와인에 대해 설명하며 조심스럽게 코르크의 냄새를 맡습니다. 그때 와인이 약간이라도 신 것 같으면 소믈리에는 와인을 바꿔 옵니다. 그리고 손님의 시음이 끝나면 이를 디캔팅을 합니다. 디캔팅은 병에서 디캔터라 부르는 용기로 와인을 옮겨 따르는 행위입니다. 그래서 멀리서 잔 크기만 보아도 그 자리의 사람들이 얼마나 고급 와인을 마시는가를 다른 사람들이 알게 됩니다. 디캔팅을 하는 이유는 크게 두 가지입니다. 와인을 산소와 접촉시켜 맛을 부드럽게 하는 게 주목적이고, 와인이 숙성되는 동안 병 안에 생긴 침전물을 가라 앉혀 거르기 위해서입니다.

와인의 효능

지중해 남부 지역 사람들은 다른 지역에 비해 심장 질환과 혈관 질환 병에 걸리는 확률이 매우 낮습니다. 그 이유는 바로 그들이 애용하는 와인과 올리브유에 있습니다.

와인의 주요 성분은 물, 설탕, 알코올이지만 600가지 이상의 합성물이 포도주의 맛, 향, 색을 좌우하며 풍부한 영양분을 함유하고 있습니다.

와인은 혈관을 확장시키는 역할을 하기 때문에 협심증과 뇌졸증과 같은 질환을 예방해 줍니다. 특히 적포도주에는 혈관의 청소부 역할을 하는 HDL 콜레스테롤을 높여 주고, 동맥경화증을 일으키는 LDL 콜레스테롤을 없애는 역할을 합니다.

또 와인에 들어 있는 폴리페놀 등의 항산화 물질은 세포의 노화를 막아 준다고 합니다. 이외에도 적포도주에는 케르세틴이라는 강한 항암 성분이 들어 있습니다. 이 성분이 체내에 흡수되면서 활성화가 되는데, 암 예방에 탁월한 갈산 성분도 함유되어 있습니다.

와인을 디캔팅하는 소믈리에

신이 준 최고의 선물, 와인

와인은 신이 인간에게 준 최고의 선물이라고 생각할 정도로 신비롭고 영험한 음료입니다. 와인은 성경과 그리스 로마 신화에 등장하는데, 디오니소스(박카스)가 포도주의 신입니다. 신화에 의하면, 그가 지중해 연안을 돌아다니면서 인간에게 포도 재배법과 포도주 만드는 법을 가르쳤다고 합니다. 이후 와인은 인간에게 즐거움을 불어 넣어주는 활력소로 작용합니다.

　일찍이 플라톤을 비롯한 수많은 문인과 음악가들이 와인에 대해 이야기하고 노래했습니다. 와인은 오랜 세월 동안 교회에서는 성스러운 의식을 위해 쓰였습니다. 특히 예수는 최후의 만찬에서 제자들과 더불어 빵과 와인을 나누어 먹으며 다음과 같이 말했습니다. "이 빵은 나의 살이요, 이 와인은 나의 피니라." 그렇기 때문에 와인은 성스러운 신의 선물로 간주되어 미사에 주로 사용되었습니다. 또 와인은 살아있는 술이기 때문에 처음에는 맛이 거칠다가 시간이 지날수록 맛이 성숙해지는 매력을 지니고 있습니다. 현대인에게도 와인은 아름다운 색깔과 어우러진 맛과 향을 지닌 격조 높은 술로서 사랑받고 있으며, 식욕을 돋우고 소화 작용을 도우며 혈관 질환을 막아주는 건강 음료로도 높이 평가되고 있습니다.

참고한 책

가와기타 미노루, 『설탕의 세계사』, 장미화 옮김, 좋은책만들기, 2003

레이 태너힐, 『음식의 역사』, 손경희 옮김, 우물이 있는 집, 2007

레이철 로턴, 『탐식의 시대』, 조윤정 옮김, 다른세상, 2015

마귈론 투생-사마, 『먹거리의 역사 상, 하』, 이덕환 옮김, 까치, 2002

스튜어트 리 앨런, 『커피견문록』, 이창신 옮김, 이마고, 2005

쓰지하라 야스오, 『음식, 그 상식을 뒤엎는 역사』, 이정환 옮김, 창해, 2002

아니 위베르 · 클로틸드 부아베르, 『향신료』, 노정규 옮김, 창해, 2000

안병학, 『안병학의 농식품 이야기』, 책과나무, 2016

에르베 로베르 · 카트린느 코도롭스키, 『초콜릿』, 강민정 옮김, 창해, 2000

옥순종, 『인삼 이야기』, 이가서, 2005

윤덕노, 『음식이 상식이다』, 더난출판, 2015

이영미, 『치즈』, 김영사, 2004

장-마리 펠트, 『향신료의 역사』, 김중현 옮김, 좋은책만들기, 2015

정한진, 『세상을 바꾼 맛』, 다른, 2013

주영하, 『맛있는 세계사』, 소와당, 2011

찰스 B. 헤이저 2세, 『문명의 씨앗, 음식의 역사』, 장동현 옮김, 가람기획, 2000

프레드 차라, 『향신료의 지구사』, 강경이 옮김, 휴머니스트, 2014

홍익희, 『세상을 바꾼 다섯 가지 상품이야기』, 행성B잎새, 2015